“尚读”丛书

尚读

《尚读》编撰组　编

第十辑

领导口才

SPM
南方出版传媒
花城出版社
中国·广州

图书在版编目（CIP）数据

尚读. 第10辑 / 《尚读》编撰组编. -- 广州 : 花城出版社, 2015.5
ISBN 978-7-5360-7517-7

Ⅰ. ①尚… Ⅱ. ①尚… Ⅲ. ①社会科学-文集②领导者-语言艺术-文集 Ⅳ. ①C53②C933.2-53

中国版本图书馆CIP数据核字(2015)第078770号

封面题字：顾作义

出 版 人：詹秀敏
责任编辑：李　谓　张　旬
技术编辑：薛伟民　陈诗泳
装帧设计：玉　玺

书　　名	尚读. 第10辑 SHANG DU. DI 10 JI
出版发行	花城出版社 （广州市环市东路水荫路11号）
经　　销	全国新华书店
印　　刷	广东新华印刷有限公司 （广东省佛山市南海区盐步河东中心路23号）
开　　本	787毫米×1092毫米　32开
印　　张	3.875　1插页
字　　数	50,000字
版　　次	2015年5月第1版　2015年5月第1次印刷
定　　价	15.00元

如发现印装质量问题，请直接与印刷厂联系调换。
购书热线：020-37604658　37602954
花城出版社网站：http://www.fcph.com.cn

编者的话

一个人的精神成长史就是他的阅读史，一个民族的精神境界取决于这个民族的阅读水平。在充满竞争的当今社会，学习力决定竞争力。人类最深刻的思想在书里，学习和阅读不能停留于报刊、网络的浏览，必须进行文本的深阅读，也就是要阅读专门书籍。古人云："学者非必为仕，而仕者必为学。"

为政者可以不做学问，但要有问学的追求；可以不做文人，但要有人文的素养。为推动干部"爱读书、读好书、善读书"（习近平语），在广东省委宣传部指导下，我们编撰出版干部系列读物《尚读》。

《尚读》设“专家视角”“域外流风”“经典今读”“人物春秋”“文苑折枝”“修身养性”“读书讲坛”“博览群书”等栏目。每辑有一个主题，收入的文章，力求短小，有真知灼见，文笔洗练、生动。

我们致力将《尚读》打造成具有思想深度、知识广度、信息厚度，能拓人视野、启人心智、感人情怀、促人尚读的干部学习平台。

目 录

人物春秋

文苑折枝

修身养性

读书讲坛

博览群书

【主题书架】

好口才是一种领导资本

领导者，会有大量的公开活动，也经常会成为各种场合和各种活动的焦点和中心，人们也希望能经常听到领导的思想和声音，领导讲话也就成了一种难以推脱和不可缺少的惯例。领导要想把人带好，把事情处理好，就必须导之于言而施之于行。也就是说，领导讲话贯穿于整个领导活动和领导过程，离开了领导讲话，领导活动将无法实现。

缜密的思维与卓越的口才，无疑是每一个领导者追求成功人生的催化剂和加速器。能说会道、能言善辩、口才卓越的领导者，正越来越显示出一种独特的优势。

所谓口才，顾名思义就是口语交际的

才能，换句话说，也就是善于讲话。领导说话水平的重要性，就在于能引起共鸣，使群众听懂政策、听进道理，激发群众的积极性和创造性，推进各项事业的发展。

领导者如果讲话水平欠佳，艺术性不强，不仅会失责失职失身份，严重的还会产生难以预料的不良后果。在现实生活中，不善于了解群众心理，不善于运用语言技巧，不讲方式方法，不看对象、场合，语不到位，话不投机，方法不当，激化矛盾，把事情搞糟的例子不少。因为不善表达，领导者好心不被人理解，善意得不到好报，事倍功半的例子也屡见不鲜。

因此，领导者要好好练就好口才。

专家视角

说话周到比雄辩好，措辞适当比恭维好。

——培根

领袖口才十大特点

◎ 张海翔

领导者运用语言要准确，重在说服，以情动人，说话前做好调查研究，讲话时灵活运用材料，坦率真诚，深入浅出，言行一致，不可言过其实，盛气凌人。

我们大家都知道，美国的总统竞选，与其说是各方势力的较量，不如说是竞选总统的个人口才的“大比拼”，最后胜利者的口才水平都是令人称道的。

实际上，领导者在管理活动中最重要的管理手段就是口才，提供信息需要口才，阐述方案需要口才，评估方案、表明决策、宣传鼓动、组织指挥、公关协调及监督反馈等都离不开口才。

从某种程度上说，作为优秀的领导是具有良好口才的管理者，懂得春风化雨，用温暖得体的语言去感召被管理者，在“润物细无声”里达到管理的目的。而这种借助口才的高妙的管理艺术，会在管理活动过程中，进一步融洽管理者与被管理者之间的人际关系，为彼此共同的生活、工作创造良好的人际环境。而人际环境的和谐、舒畅，又能动地反作用于人的工作积极性，促进工作热情。如此的良性循环，是每一个领导者所梦寐以求的。

领袖口才十大要点：

1．准确性是领导者运用语言，与其他个人或组织进行交流的基本要求

任何一个领导者所说出的话，如果失去了准确性，不但没有任何水平可言，而且还会失去所有与之联系的个人和组织的信任。

请看邓小平同志答意大利记者法拉奇中的一段话。

记者：对西方人来说，我们有很多问题不理解。中国人民在讲起“四人帮”时，把很多错误都归结于“四人帮”，说的是“四人帮”，但他们伸出的却是五个手指。

邓小平：毛主席的错误和林彪、“四人帮”问题的性质是不同的。毛主席一生中大部分时间是做了非常好的事情的，他多次从危机中把党和国家挽救过来。

没有毛主席，至少我们中国人民还要在黑暗中摸索更长的时间。毛主席最伟大的功绩是把马列主义的原理同中国革命的实际结合起来，指出了中国夺取革命胜利的道路。应该说，在六十年代以前或五十年代后期以前，他的许多思想给我们带来了胜利，他提出的一些根本的原理是非常正确的。他创造性地把马列主义运用到中国革命的各个方面，包括哲学、政治、军事、文艺和其他领域，都有创造性的见解。但是很不幸，他的一生的后期，特别在“文化大革命”中是犯了错误，而且错误不小，给我们党、国家和人民带来许多不幸。你知道，我们党在延安时期，把毛主席各方面的思想概括为毛泽东思想，把它作为我们党的指导思想。正是因为我们遵循毛泽东思想，才取得了革命的伟大胜利。当然，毛泽东思想不是毛泽东同志一个人的创造，包括老一辈革命家都参与了毛泽东思想的建立和发展，主要是毛泽东同志的思想。

上述邓小平以辩论的态度准确性的语言来评价毛泽东的功过，为全党、全国人民树立了很好的榜样。

2. 领导口才重在说服

说服对方、感化对方是领导工作岗位上常常发生的事情，你不妨于情于理，要用真诚的态度。这样不仅会说服对方，还会提升你的领导形象，增加亲和力。例如：

有一家大型公司的总经理要租一家旅馆大礼堂开一个经销商会议。刚要开会，对方通知他要付出原来多三倍的租金。没办法，总经理去找旅馆交涉。他说：

“我接到你的通知时，有点震惊。不过这不怪你，假如我处在你的地位，也许也会写出同样的通知。

“您是这家旅馆的经理，那么让我们来合计一下，这样对您有利还是不利。先讲有利的一面，大礼堂不出租给开会者而出租给举办舞会、晚会的，那您可以获大利了。因为举行这一类活动的时间不是很长，他们能一次付出很多的租金，比我的租金当然要多得多。租给我，显然您是吃大亏了。

“现在，再考虑一下‘不利’的一面。首先，您增加我的租金，反而降低了收入。因为实际上等于您把我撵跑了。由于我付不起您所要的租金，我势必再找别的地方举办会议。

“还有一件对您不利的事，这个会议的参加者来自全国各地，他们的社会地位、文化教养、受教育程度都在中等以上。这些人到旅馆来开会，对您来说，这难道不是起了不花钱的广告作用吗？事实上，假如您花5000元钱在报刊上登广告，您也不可能邀请这么些人亲自到您的旅馆参观。可我的会议给您邀请来了。这难道不合算？请您仔细考虑后来答复我。”

最后旅馆经理向那位总经理让步了。

可见，真正站在对方的立场上，为对方着想，并全面分析双方的利弊得失，说话真诚，语气亲切随和，不卑不亢，入情入理，这是总经理成功地说服对方的原因所在。

作为基层领导，常会碰到谈生意说服对方的事情，你不妨以真诚的态度，用入情入理的说服技巧，容易招人喜欢，被人接纳。入情入理，一方面显示说服者坦诚的态度；另一方面又尊重对方并为对方着想。这样无论在交易上，还是在人的情感上都达成沟通，扩大了双方的共识，促使合作成功。

3. 以情动人

领导讲话应追求语言的朴实无华、感情真挚。一个人不可能没有情感，只要他一开口，总是在试图以自己的情感影响别人。

我们常说“动之以情，晓之以理”“通情才能达理”“感人心者莫先乎情”。真挚而健康的情感可以感染听众，使之按照讲话者的意愿去行动。伴随真情实感的必定是朴实无华的言词，过多的言语修饰有时会削弱情感的真挚度。

澳门特首何厚铧在1999年的选举中获胜。在参选前的一次记者招待会上，当记者让他谈谈对澳门的认识、对自己参选的认识时，他说：

“澳门是我生活、家庭和事业的根基，澳门的一切，伴随着我长大。澳门人的思想，熏陶我的性格；澳门人的忧乐，与我息息相关。我对澳门发自内心的热爱和归属感，鞭策我要贡献所长。在澳门重投祖国怀抱之际，我身为一个中国人，理应当仁不让，竭尽所能，以自己的一份热忱，来承担这一历史使命。

“我的参选是澳门人给我的一个机会，容许我把自己对澳门的深厚感情进一步升华，变成无私的奉献。”

短短的几句话里，既没有华丽的辞藻，也没有对选民的曲意逢迎，有的是自己对澳门发自内心的热爱，合情合理，不能不使听众为之动心、为之折服。

4. 灵活运用材料

我们有些领导并非不善言，可“台上他说，台下说他”，他们只想成功在场内，却不知功夫在“话”外，无疑是一个重要原因。因此，要获得讲话的成功，厚积薄发，必须首先要积累材料。

所谓材料，是讲话时所使用系列的事实线索或理论根据。材料是否充足优良直接影响到讲话质量。俗话说，“巧妇难为无米之炊”。讲话也是如此，即使你有高超的讲话技巧、绝妙的构思，如果没有大量翔实的材料支撑也是无能为力的。马卡连柯说：“只有正确地解决了材料的问题，才谈得上技巧的问题。”就像工匠没砖、石、沙子、水泥、钢筋、木材等原材料也造不出房子；没有矿石就没有冶炼技术；没有舞台就无法表演惊险的杂技一样，没有充足的材料也谈不上讲话技巧。因此，材料是讲话的基础，是施展讲话技巧的舞台。

收集和占有材料是确保讲话成功的关键。平时注意善于收集和积累材料，讲话时能信手拈来，任你使用。只有占有大量的材料，讲起话来才能左右逢源、游刃有余，不至于捉襟见肘、左右为难。

茅盾先生曾讲过一个精彩的比喻，他说：“采集之时，贪多务得，要跟奸商一般，只消风闻得何处有门路、有货，便千方百计钻挖，弄得对方肯死心，不管是什么东西，只要是要称‘货’的，便囤积，不厌其多。”

这个比喻说明了聚材要在“多”字上狠下功夫，要像奸商囤积货物一样贪得无厌。聚材时要做一个“大方”的人，要有海量，采取“拿来主义”，有用没用先拿来再说，材料越多越好。

大量的材料，绝非仅凭灵感就可以觅到，平时必须注意观察、体验，注意积累、分析、比较和筛选。一般情况下，人们只看到某个领导人的好“口才”和好“笔杆子”，岂不知背后是天长日久的辛勤聚材。讲话所使用的材料，一方面是平时积累的“死”材料，另一方面是从现实生活中抓取的“活”材料。只有运用大量的“活”材料，讲话才显得生动新颖，贴近现实。“活”材料主要靠调查研究获得。只有深入基层，深入实践，仔细观察体验，才能寻觅采摘到大量富有生命力的材料。在每次重要讲话时，应尽可能抽出时间，搞好调查研究，从基层、群众、实践中寻觅“活”材料。这样才能使讲话内容更丰富，更具有现实针对性，更能打动人、感染人。

5. 做好调查研究

领导讲话内容要充实具体、言之有物。要做到这一点，领导必须在讲话前做深入细致的调查研究，这是由领导的特殊身份和作用所决定的。领导者是被领导者行为方式的引导者。讲话者在开口前如果不了解听众的心理，就不可能做到讲话内容充实具体、言之有物、掷地有声。

现实中不难看到一些领导由于事先没有做好深入的调查研究，当在公众场合被邀请讲话时，就会出现支支吾吾、左顾右盼、四处求援的窘态。这样的讲话不仅不能起到引导和感召群众采取行动的目的，反而使自身形象和威信在群众中大打折扣。

战国时的张仪为推行“连横”立下了汗马功劳，被誉为有“三寸不烂之舌”。他之所以能所向披靡，一个重要因素是他言之有物，讲话内容充实具体。他充分了解各国的形势和军事力量，了解各国国君和将士的心理，从而对自己的游说目标非常明确，使被劝说者心悦诚服。

6. 领导讲话要注意做到真诚坦率、言行一致

普希金说过：“用语言去把人们的心灵点亮！”讲话时怎样才能用语言把听众的心灵点亮呢？领导尤其应当以坦诚的态度，说真心话、实在

话，道出真实的感受。一个成功的领导者往往是不隐瞒自己对具体事物的观点和认识的，在对群众的讲话中，总能给人留下真诚坦率的印象。如果群众发觉你说的是一套，做的又是另一套，他们就不会再信任你。领导的话讲得越具体、真诚、坦率，越能赢得群众的信赖；话讲得越抽象，离具体事物越遥远，给群众留下的印象越浅，赢得的信任度越低。

周恩来总理所到之处，其讲话内容总能给人留下深刻的印象，其根本原因就在于他的真诚、坦率和言行一致。周总理曾在1949年5月做过一次《学习毛泽东》的讲话。在这次讲话中，他以一个彻底的唯物主义者的姿态，反对个人迷信和个人崇拜。他说："决不要把毛泽东看成一个偶然的、天生的、神秘的、无法学习的领袖。"周总理对自己也是从不神秘化。他曾多次如实、公开地介绍自己的家庭出身、复杂的社会关系，以及自己成长的曲折过程。这种无产阶级革命家光明磊落的襟怀，平易近人的风格，使他与听众的思想情感的交流始终处于真诚和坦率的氛围中，听众自然就很容易接受。他是这样说的，也是这样做的，这就是周恩来总理人格魅力之所在。

7. 领导讲话应能深入浅出、旁征博引

领导讲话总有其目标性，一段讲话是否达到了它的预期目标，要看它是否被听众所理解、所接受。听众理解了、接受了，才能明确自己的行动方向。反之，听众一头雾水，似懂非懂，是不可能配合领导者采取行动的。

领导讲话的这一特性决定了领导讲话必须事先站在听众的角度上，依据听众的理解能力和接受能力联系实际、深入浅出。

陈毅同志在1961年发表的《在戏曲编导工作座谈会上的讲话》中对“局限性”问题的解释就是非常典型的一例。在讲话中，为了说明局限性，他列举了曹操、陶渊明、武则天、曾国藩等人的事例。通过对这些具体历史人物的精当中肯的分析和评价，既做到了联系实际，又做到了深入浅出，使“局限性”这一本来深奥抽象的命题变得浅显易懂，听众始终听得津津有味，丝毫不觉得枯燥难懂。

8. 讲话提纲及讲稿是准备讲话的一个重要环节

拟定提纲及讲稿的过程，是一个进一步思考谋篇的过程。通过撰写提纲或讲稿可以认真研究和推敲讲话主题是否正确，思路是否合适，材料是否妥

帖，层次结构是否合理，详略是否得当等等。通过撰写提纲和讲稿不仅可以加深对讲话内容的记忆，进一步熟悉讲稿的内在结构、篇章布局以及重要段落的关键句子。一些著名的政治家、演讲家在讲话前都精心准备，亲自起草提纲或讲稿。

毛泽东提倡领导干部要亲自动手写文章、写讲话稿，不要事事找人代替。他的一些著名演讲、重要文章都是亲自撰写提纲及讲稿。尼克松曾说过，自己当副总统八年中，所有的讲话都是自己起草的。即使当了总统后，一些重要讲话还是要亲自撰写讲话提纲及讲稿。

9. 建立威信

要以权威的腔调讲话。为了达到这个目的，你必须熟悉你讲话的内容，你对你的题目了解得越多越深刻，你讲得就会越生动越透彻。

使用简单的词汇和简短的句子。最简洁的文章总是最好的文章，其原因就是它最容易理解，关于讲话和对话也可以说是同样的道理。使用具体和专门的词汇和词语。绝对掌握了这种艺术的人是耶稣，他说话使用的词汇和发布命令所使用的词语都是简单、简洁、一语中的并且容易理解的。例如，他说的“跟我来”不会有人不明白。

说话要直截了当而且中肯。如果你想在你所说的各种事情上都取得驾驭人的卓越能力，一个最基本的要求：集中一点，不要分散火力。相信你肯定会击中靶心。

10. 不可留下负面印象

不要夸口。不但永远不要夸口或者言过其实，而且在陈述你的情况时还要动脑筋为自己留有余地，这样你就不必担心会遇到什么责难。

对待听众不可盛气凌人。即使你可能是你要讲的这个专题的权威人士，你也没有任何理由可以盛气凌人地对待听众。我还从来没有遇到过一个人在各个方面都精通。

要有外交手腕及策略。圆滑老练是指在适当的时间和地点去说适当的事情又不得罪任何人的一种能力。尤其是当你对付固执的人或者棘手的问题时，你更需要圆滑老练，甚至使用外交手腕。要说做起来也很容易，就像你对待每一个女人都像对待一位夫人一样，对待每一个男人都像对待一位绅士一样。

（摘自中国总裁培训网。张海翔，潜能激发导师、实战口才训练专家、国际九型人格研究专家、NLP超级销售特训专家）

<<<<< 链接：

领导讲话必备的四种素质

身为一名领导，想要练就出色的口才首先就必须具备同样优秀的内在素质。首先，他必须具有良好的品德，做人必须要既有原则又有灵活性，有才无德不会得人心，也不会成大器。其次，要有渊博的知识，只有具有雄厚的知识做基础，一个人才会具有自己的看法、见解，才不会被社会中纷繁复杂的现象所迷惑，才能在企业管理中做出科学的决策。在现代知识经济大潮中，一位优秀的领导不仅仅需要精深的专业知识，还需要广博的知识结构。第三，领导具有优良的心理素质，他们能在巨大的压力下正常工作，具有良好的心理忍耐力。第四，领导应当是完全成熟的人，情感热烈而稳定，待人接物合乎本性而又合乎情理，近于古语所说的“随心所欲不逾矩”。

如何作报告

◎ 李树斌

领导作报告，为避免干巴无味，需要融会贯通上级精神，需要有的放矢，言简意赅，通俗易懂，信息量大；需要谈吐有致，富有新意。

作报告是各级领导宣传下属、组织下属的有效工作方法之一。精彩的报告往往能吸引听众，产生反响，澄清模糊认识，统一思想，统一步调，推动工作，为下属喜闻乐见。领导者作报告常常会出现两种情况：一种情况是领导者的报告讲得干巴巴，让人听得索然无味；另一种情况是领导者的报告内容丰富，语言生动，领导者讲得绘声绘色，非常有吸引力。这里除了领导者的知识素养之外，很重要的一个方面，就是作报告的语言艺术问题。同样的报告内容，语言艺术运用得好，就有感染力和吸引力，效果就好；否则，效果就差。那么，怎样才能提高报告的语言艺术呢?

1. 吃透精神

就报告的内容而言，领导作报告大多是传达上级指示，贯彻会议精神，说明时事政策，介绍经验体会。如果领导仅仅拿文件在大会上宣读一遍，这就算不上作报告。因为作报告是一种带有个性特色的创造性的讲话方式。它是对上级精神学习理解、融会贯通后，由报告人将内容重新组织而再表达出来的过程，是一种再创造。因此，只有理解了、吃透了上级精神，才能抓住重点要害，条理清楚地将精神概括起来，形成具有个性的报告内容和完整的格局、体系。这样的报告才能达到既符合上级精神，又不是原件的翻版、复制。

2. 语言鲜明

作报告的语言应具有鲜明的针对性，这是报告的生命之所在。领导者作报告的一个基本要求，就是要抓住难点、疑点、热点，要敢于触及现实问题。对于那些下属中存在的疑难问题，下属中普遍关心的热点问题，领导者在报告中必须给以有说服力的回答。如果领导者摸不准下属的思想脉搏，抓不住问题存在的症结，无的放矢，照本宣科地只讲一些笼而统之的空话，是很难受到下属欢迎的。

3. 准确精练

语言的准确性来自思维的准确性，只有想得明白，思考得周密，才能讲得准确，讲得恰如其分；要根据不同的听众，挑选精当的语言，动用各种比喻和具体事例紧紧围绕所要阐述的内容，讲清说透，信口开河或泛泛而谈是不会抓住听众的。报告中不要讲大话，就是不讲言过其实的话，不唱冠冕堂皇的高调，不违背客观事物的本来面目。语言真实主要表现在两个方面，一是讲的事必须真实，不能颠倒黑白；二是要讲出听众的肺腑之言。

作报告的语言不仅要准确，还要精练。斯大林曾这样称赞列宁：只有列宁才善于把最复杂的事情描述得这样简单和明确，这样扼要和大胆——他说的每一句话，都是一颗子弹。精练的语言，不仅可以准确鲜明的表情达意，而且能收到言简意赅的效果。有的领导作报告，好啰唆重复，多冗词赘语，这就好像人手上长出了“六指”，脸上长出了肉瘤，不但显得多余，而且还带来害处。为了作报告精练，对于那些应景的话，对于那些重复的话，要统统删去，不可吝惜。

4. 富有新意

领导作报告，不论是宣传上面的新精神，还是反映下面新事物，都要力求运用富有新意的语言，就是时代感最强、代表性最广，给人以新的信息和感触的语言。尤其是要有自己的总结和提炼，尽量避免讲那些别人早就说过的、被磨光了棱角的、生搬硬套的、下属不爱听的套话。语言的内容要言之有物，切忌空话连篇。

5. 通俗易懂

语言通俗，就是人人皆懂、下属喜闻乐见、有地方特色的下属语言。下属语言就是能反映下属的感情、呼声和心愿的心里话。著名教育家叶圣陶说：“通行的说法是大多数人用来传达意思的，是大多数人说惯听惯了的，咱们拿来用，就一丝儿不隔。语言出在咱们心里，意思透进人家的耳里心里。不太通行的说法、绕一些弯子的说法就不然，即使意思没有错，人家总觉得有些生分、不自然，这多少就是隔。”这些话很有道理。俗话说：“话需通俗方传远。”领导者作报告是让人听的。如果说的话，让人听不明白，尽用一些生疏的行业术语和专业名词，或滥用方言土语，又不能细致介绍一下，那就必然影响宣传效果。

6. 谈吐有致

作报告虽然要依靠内容吸引人，但是，为了提高报告的效果，有些表达技巧是值得借鉴的。首先，要注意吐字清晰，声音洪亮，节奏适度。作报告最好使用普通话，或稍带地方口音的普通话。其次，作报告还要注意克服不良谈吐习惯。有的领导说话速度太快，像放鞭炮；有的太慢，如老牛拉车；有的则拖长腔；也有的口头禅太多等等。所以，这些领导在平时就应有意识地注意纠正自己的某些不良谈吐习惯。再次，作报告切忌讲“错别字”。否则，听众窃窃私语，传为笑语，看起来事不大，影响却不小。

（摘自李树斌《领导口才全书》，线装书局2008年版）

作报告十忌

一忌空谈，二忌杂乱，三忌冷漠，四忌武断，五忌乏味，六忌晦涩，七忌冗长，八忌废话，九忌失礼，十忌离题。

即兴发言必备的语言技巧

◎ 佰岗　魏清素

即兴发言，贵在有“兴”。兴有所激，乃是吸引、激励听众的重要因素。因此，即兴发言者应讲究一些艺术手法。在内容上，以短小精悍、结构严谨为佳。即兴发言多为小型场合，除少数庄重的会议外，一般应庄谐结合，适时口出妙语，造成轻松和谐的气氛，以使听众易于接受自己的观点。即使在严肃的场合，如能适当增添一点风趣，也很容易沟通彼此感情、增强讲话效果。

即兴发言，是指在特定场合，由他人提议或自认为有必要，而临时进行的发言。即兴发言是领导者常遇到的事情。领导者在参加各种讨论会、茶话会、欢迎会以及欢送会时，经常要即兴发言。它要求边想边说、边说边想，所以很能体现人的思维应变能力和口语表达水平。领导者很有必要提高自己即兴发言的语言技巧，以便在这种场合下临阵不慌、应对自如。

1. 用一个精彩的开场白打开局面

即兴发言的开头，也叫开场白，它很重要，能不能马上抓住听众，往往决定着整个讲话的成败。好的开场白就像一个出色的导游，一下子就可以把听众带入讲话者为他们拟设的胜境；好的开场白是演讲人奉献给听众的一束多姿的花朵；好的开场白最易打开局面，便于引入正题。因此，开场白不能平铺直叙、平庸无奇，而要努力做到不落俗套、语出惊人，这样才能出奇制胜、先声夺人。

2. 态度诚挚，以情动人

即兴发言的最大特点在于助“兴”。所谓“助兴”，就是指讲话者在环境、对象、内容的感召下，有一种强烈的表达欲望。这种欲望产生于讲话之前，贯穿于讲话的全过程中，它首先应当体现在讲话者的态度诚挚上。诚挚的态度能够直接影响听众的情绪，关系到听众对讲话内容的接受程度。诚挚、热情、坦率的讲话能够吸引听众，能够缩短讲话者与听众之间的距离，使听众始终为讲话者的诚恳坦直所打动，大大增强讲话的实效。

3. 立场鲜明，以理服人

讲话时诚挚的态度来源于讲话人对听众的尊重，只有这样，才能得到听众的尊重和信任。如果领导者态度倨傲、以势压人，也就不可能得到听众的信任和尊重，不可能在讲话时推心置腹、打动人心。这种诚挚的态度在讲话中应该具体地表现为襟怀坦白、观点鲜明。“诚挚”不等于“迁就”，诚挚感情应当融进观点之中，使观点更鲜明，使每一句话都是感情的凝聚、心声的流露，使讲话情动于中、寓情于理。尤其是某些批评性的讲话更要注意这一点。

4. 生动活泼，吸引听众

即兴发言，应力求生动活泼，以增强临场气氛。领导者可用听众比较熟悉的特定的地点、特定的节日，或有某种象征意义、纪念意义的实物等来设喻，把抽象的道理说得生动形象，增强讲话的通俗性和说服力，使人听起来亲切动情。

5. 快速组织，顺理成章

即兴发言没有精心制作的讲话稿，因此在讲话时，需要临场发挥。即兴发言者在构思粗具轮廓后，应注意观察现场和听众，捕捉那些与讲话主题有关的人或情景，因地设喻，见景生情，以使讲话的内容生动形象，增强与听众的感情。

在有限的时间里，如何富有条理地做好即兴发言呢？大致可分两步，即先明确讲什么，再设计怎么讲。分开来说，第一步便是明确讲话主旨、确定材料范围，也就是选择一个恰当的话题。第二步是顺应思路组织材料，要选择一个适当角度、最佳时机来展示自己。

6. 入情入理，说服听众

讲话的效果如何，不仅要看能否准确地表达，更重要的是要看听众能否理解和接受。由于即兴发言是针对性很强的说话形式，所以，说话时一定要考虑到听众的心理需要，了解听众的特点，说出听众急切想听到的内容，这样才能使讲话受到欢迎，才能使听众易于理解，肯于接受讲话人的观点。另外，把话讲到群众的心坎上，必然大大促进双方的心理交流，使听众信服。

7. 通俗易懂，灵活掌握

讲话的目的是让人听懂。台下听众水平尽管不一，但是都要在短时间内迅速弄懂讲话人的每一句话，全面理解话里的观点，这并不是一件很简单的事。如果讲话人在讲话时板着面孔，卖弄辞藻，用一些艰涩的语汇和听众捉迷藏，无异于存心让听众听不懂，这样的讲话岂不是浪费时间？人们对任何道理的认识，都要经过由浅入深、由具体到抽象的过程，所以在讲话中，应当使用通俗易懂、生动形象的语言来表情达意。这样，才能使所讲的道理易于被听众接受，才能使讲话受到听众的欢迎，才能给听众留下深刻的印象。事实上，有时一个精彩贴切的比喻，可以使一个复杂的道理，显得十分简洁明确，这也是人们常常感到某些讲话乍听起来平淡朴素，但是却耐人回味，而且越琢磨越感到真切清新、寓意深刻的原因。

通俗易懂并不是使语言过分庸俗，它有一个标准，就是讲话者所运用的语言与最大多数听众的水平相适合。如果听众是知识层次较高的专家、学者，就要求讲话者使用语言时不能过于通俗化，否则将会显得啰唆冗长，达不到满意效果。因而，领导者要针对不同对象的接受能力，灵活掌握语言的应用。

8. 结尾利落，回味无穷

即兴发言，如能有一个好的开头、好的内容，再有一个好的结尾，那就可以达到很好的表达效果。结尾时，要有力度，不冗长拖沓，不画蛇添足，而要在言不必尽或达到高潮时戛然而止，给听众以深刻的印象，留有回味的余地。

即兴发言结尾的方法很多，可用充满激情的话语结尾、总结全篇的简短结论结尾、赞颂的话语结尾、名言警句结尾、诗词歌赋结尾、幽默的语言结尾和号召呼吁结尾等等。不论采用哪种方法，都应使结尾干净、利落，起到再现主题、收拢全篇的作用。

（摘自佰岗、魏清素主编《领导者即兴口才技巧与案例全集》，中国言实出版社2010年9月版）

<<<<< 链接：

言不贵文，贵于当——关于说话的名人名言

◎不愤不启，不悱不发。

——孔子

◎士未可以言而言，是以言餂之也；可以言而不言，是以不言餂之也，是皆穿逾之类也。

——孟子

◎言不贵文，贵于当而已，当则文。

——程颢、程颐

◎有意而言，意尽而言止者，天下之至言也。

——苏轼

◎人生不外言动，除了动就只有言，所谓人情世故，一半儿是在说话里。

——朱自清

◎说话不在多，在于说得对，说中了事和理的

要害，能打动听者的心。

——谢觉哉

◎妙唱非关舌，多情岂在腰。只要发自内心，出于自然，什么样的语言都能取到好的效果，那种皮相的“深情款款”，只会令人反胃。

——龚华

◎言辞是行动的影子。

——德谟克利特

◎人有两耳双目，只有一舌，因此应多听多看少说。

——苏格拉底

◎话不像话最好不说，话不投机最好沉默。

——萨迪

◎真懂的人不需大声叫。

——达·芬奇

◎语言作为工具，对于我们之重要，正如骏马对骑士的重要，最好的骏马适合于最好的骑士，最好的语言适合于最好的思想。

——但丁

◎说话周到比雄辩好，措辞适当比恭维好。

——培根

◎说话和事业的进展有很大的关系，是一个人力量的主要体现。

——富兰克林

◎把自己体验到的感情传达给别人，而使别人为这感情所感染，也体验到这些感情。

——托尔斯泰

◎书是音符，谈话才是歌。

——契诃夫

◎发自内心的话，就能深入人心。

——尼扎米

◎说话不考虑，等于射击不瞄准。

——塞万提斯

◎当一个人无话可说时，一定说得十分拙劣。

——伏尔泰

◎要做一个善于辞令的人，只有一种办法，就是学会听人家说话。

——莫里斯

◎一个人的成功，15%取决于知识和技术，85%取决于沟通——发表自己意见的能力和激发他人热忱的能力。

——戴尔·卡耐基

域外流风

一个人的眼睛是现在的他，一个人的嘴巴是将来的他。

——高尔斯华绥

在葛底斯堡国家公墓的演说

◎ ［美］亚伯拉罕·林肯

1863年11月19日，也就是美国内战中葛底斯堡战役结束的四个半月后，林肯在宾夕法尼亚州葛底斯堡的葛底斯堡国家公墓揭幕式中发表此次演说，哀悼在长达五个半月的葛底斯堡之役中阵亡的将士。林肯的演讲两到三分钟的时间，字数不足三百，其后成为美国历史上最伟大的演说之一。也是美国历史上为人引用最多之政治性演说。

87年前，我们的先辈们在这个大陆上创立了一个新国家，它孕育于自由之中，奉行一切人生来平等的原则。

现在，我们正从事一场伟大的内战，以考验这个国家，或者任何一个孕育于自由和奉行上述原则的国家，是否能够长久存在下去。我们今天在这场战争中的一个伟大战场上集会。烈士们为使这个国家能够生存下去而贡献出了自己的生命，我们来到这里，是要把这个战场的一部分奉献给他们作为最后安息之所。我们这样做是完全应该而且是非常恰当的。

但是，从更广泛的意义上来说，这块土地我们不能够奉献，不能够圣化，不能够神化。那些曾在这里战斗过的勇士们，活着的和去世的，已经把这土地神圣化了，这远不是我们微薄的力量所能增减的。我们在这里所说过的话，全世界不大会注意，也不会长久地记住，但勇士们在这里所做过的事，全世界却永远不会忘记。毋宁说，倒是我们这些还活着的人，应该在这里把自己奉献于勇士们已经如此崇高地向前推进但尚未完成的事业；倒是我们应该在这里，把自己奉献于仍然留在我们面前的伟大任务——我们要从这些光荣的死者身上汲取更多的献身精神，来完成他们已经完全彻底为之献身的事业。我们要在这里下定最大的决心，不让这些死者白白牺牲。我们要使国家在上帝福佑下得到自由的新生，要使这个民有、民治、民享的政府永世长存。

“唯一可靠的财产就是——你们！”

在林肯当总统前，一次有人问他有多少财产。当时在场的人期待的答案多数是多少万美元、多少亩田地。然而林肯却扳着手指回答道：“我有一位妻子、一个儿子，都是无价之宝。此外，也租了一间办公室，室内有一张桌子、三把椅子，墙角还有一个大书架，架上的书值得每人一读。我本人又高又瘦，脸蛋很长，不会发福。我实在没有什么可依靠的，唯一可靠的财产就是——你们！”

我有一个梦想

◎ [美] 马丁·路德·金

《我有一个梦想》是马丁·路德·金于1963年8月28日在华盛顿林肯纪念堂发表的著名演讲，内容主要关于黑人民族平等，在美国历史乃至世界历史上影响深远，这充分显示了这位美国民权运动领袖的演讲才能。

今天，我高兴地同大家一起参加这次将成为我国历史上为争取自由而举行的最伟大的集会。

100年前，一位伟大的美国人——今天我们就站在他象征性的身影下——签署了《解放黑奴宣言》。这项重要法令的颁布，对于千百万灼烤于非正义残焰中的黑奴，犹如带来希望之光的硕大灯塔，恰似结束漫漫长夜禁锢的欢畅黎明。

然而100年后的今天，我们必须正视黑人还没有得到自由这一悲惨的事实。100年后的今天，在种族隔离的镣铐和种族歧视的枷锁下，黑人的生活备受压榨。100年后的今天，黑人仍生活在物质充裕的海洋中一个穷困的孤岛上。100年后的今天，黑人仍然蜷缩在美国社会的角落里，并且意识到自己是故土家园中的流亡者。今天我们在这里集会，就是要把这种骇人听闻的情况公之于世。

就某种意义而言，今天我们是为了要求兑现诺言而汇集到我们国家的首都来的。我们共和国的缔造者草拟《宪法》和《独立宣言》的气壮山河的词句时，曾向每一个美国人许下了诺言，他们承诺所有人——不论白人还是黑人——都享有不可让渡的生存权、自由权和追求幸福权。

就有色公民而论，美国显然没有实践她的诺言。美国没有履行这项神圣的义务，只是给黑人开了一张空头支票，支票上盖着“资金不足”的戳子后便退了回来。但是我们不相信正义的银行已经破产，我们不相信，在这个国家巨大的机会之库里已没有足够的储备。因此今天我们要求将支票兑现——这张支票将给予我们宝贵的自由和正义保障。

我们来到这个圣地也是为了提醒美国，现在是非常急迫的时刻。现在绝非侈谈冷静下来或服用渐进主义的镇静剂的时候。现在是实现民主的诺言时候。现在是从种族隔离的荒凉阴暗的深谷攀登种族平等的光明大道的时候，现在是向上帝所有的儿女开放机会之门的时候，现在是把我们的国家从种族不平等的流沙中拯救出来，置于兄弟情谊的磐石上的时候。

如果美国忽视时间的迫切性和低估黑人的决心，那么，这对美国来说，将是致命伤。自由和平等的爽朗秋天如不到来，黑人义愤填膺的酷暑就不会过去。1963年并不意味着斗争的结束，而是开始。有人希望，黑人只要撒撒气就会满足；如果国家安之若素，毫无反应，这些人必会大失所望的。黑人得不到公民的基本权利，美国就不可能有安宁或平静，正义的光明的一天不到来，叛乱的旋风就将继续动摇这个国家的基础。

但是对于等候在正义之宫门口的心急如焚的人们，有些话我是必须说的。在争取合法地位的过程中，我们不要采取错误的做法。我们不要为了满足对自由的渴望而抱着敌对和仇恨之杯痛饮。我们斗争时必须永远举止得体，纪律严明。我们不能容许我们的具有崭新内容的抗议蜕变为暴力行动。我们要不断地升华到以精神力量对付物质力量的崇高境界中去。

现在黑人社会充满着了不起的新的战斗精神，但是不能因此而不信任所有的白人。因为我们的许多白人兄弟已经认识到，他们的命运与我们的命运是紧密相连的，他们今天参加游行集会就是明证。他们的自由与我们的自由是息息相关的。我们不能单独行动。

当我们行动时，我们必须保证向前进。我们不能倒退。现在有人问热心民权运动的人：“你们什么时候才能满足？”

只要黑人仍然遭受警察难以形容的野蛮迫害，我们就绝不会满足。

只要我们在外奔波而疲乏的身躯不能在公路旁的汽车旅馆和城里的旅馆找到住宿之所，我们就绝不会满足。

只要黑人的基本活动范围只是从少数民族聚居的小贫民区转移到大贫民区，我们就绝不会满足。

只要我们的孩子被“仅限白人”的标语剥夺自我和尊严，我们就绝不会满足。

只要密西西比州仍然有一个黑人不能参加选举，只要纽约有一个黑人认为他投票无济于事，我们就绝不会满足。

不！我们现在并不满足，我们将来也不满足，除非正义和公正犹如江海之波涛，汹涌澎湃，滚滚而来。

我并非没有注意到，参加今天集会的人中，有些受尽苦难和折磨，有些刚刚走出窄小的牢房，有些由于寻求自由，曾在居住地惨遭疯狂迫害的打击，并在警察暴行的旋风中摇摇欲坠。你们是人为痛苦的长期受难者。坚持下去吧，要坚决相信，忍受不应得的痛苦是一种赎罪。

让我们回到密西西比去，回到亚拉巴马去，回到南卡罗来纳去，回到佐治亚去，回到路易斯安那去，回到我们北方城市中的贫民区和少数民族居住区去，要心中有数，这种状况是能够也必将改变的。我们不要陷入绝望而不可自拔。

朋友们，今天我对你们说，在此时此刻，我们虽然遭受种种困难和挫折，我仍然有一个梦想，这个梦想深深扎根于美国的梦想之中。

我梦想有一天，这个国家会站立起来，真正实现其信条的真谛："我们认为真理是不言而喻，人人生而平等。"

我梦想有一天，在佐治亚的红山上，昔日奴隶的儿子将能够和昔日奴隶主的儿子坐在一起，共叙兄弟情谊。

我梦想有一天，甚至连密西西比州这个正义匿迹，压迫成风，如同沙漠般的地方，也将变成自由和正义的绿洲。

我梦想有一天，我的四个孩子将在一个不是以他们的肤色，而是以他们的品格优劣来评价他们的国度里生活。

今天，我有一个梦想。我梦想有一天，亚拉巴马州能够有所转变，尽管该州州长现在仍然满口异议，反对联邦法令，但有朝一日，那里的黑人男孩和女孩将能与白人男孩和女孩情同骨肉，携手并进。

今天，我有一个梦想。

我梦想有一天，幽谷上升，高山下降；坎坷曲折之路成坦途，圣光披露，满照人间。

这就是我们的希望。我怀着这种信念回到南方。有了这个信念，我们将能从绝望之岭劈出一块希望之石。有了这个信念，我们将能把这个国家刺耳的争吵声，改变成为一支洋溢手足之情的优美交响曲。

有了这个信念，我们将能一起工作，一起祈祷，一起斗争，一起坐牢，一起维护自由；因为我们知道，终有一天，我们是会自由的。

在自由到来的那一天，上帝的所有儿女们将以新的含义高唱这支歌："我的祖国，美丽的自由之乡，我为您歌唱。您是父辈逝去的地方，您是最初移民的骄傲，让自由之声响彻每个山冈。"

如果美国要成为一个伟大的国家，这个梦想必须实现！

让自由之声从新罕布什尔州的巍峨的崇山峻岭响起来！

让自由之声从纽约州的崇山峻岭响起来！

让自由之声从宾夕法尼亚州的阿勒格尼山响起来！

让自由之声从科罗拉多州冰雪覆盖的落基山响起来！

让自由之声从加利福尼亚州蜿蜒的群峰响起来！

不仅如此，还要让自由之声从佐治亚州的石岭响起来！

让自由之声从田纳西州的瞭望山响起来！

让自由之声从密西西比的每一座丘陵响起来！

让自由之声从每一片山坡响起来！

当我们让自由之声响起，让自由之声从每一个大小村庄、每一个州和每一个城市响起来时，我们将能够加速这一天的到来，那时，上帝的所有儿女，黑人和白人，犹太教徒和非犹太教徒，耶稣教徒和天主教徒，都将手携手，合唱一首古老的黑人灵歌：

“自由啦！自由啦！感谢全能上帝，我们终于自由啦！”

安南的诺贝尔和平奖获奖演说

◎ [加纳] 科菲·安南

科菲·阿塔·安南是联合国第七任秘书长。为了表彰他为创建一个“更有组织与和平的世界”所做出的努力，以及他担任秘书长以来为联合国所注入的新活力、在消除贫困和与艾滋病和国际恐怖主义抗争中所做出的贡献，2001年10月12日挪威诺贝尔委员会宣布，联合国与联合国秘书长安南共同分享2001年度诺贝尔和平奖。这是安南领奖时发表的演说。讲话以一个贫穷的阿富汗女孩起始和结束，表达了其消除贫困、世界和平的一系列主张，思路十分清晰，语言亲切简练，很值得探讨。

国王和王后陛下，各位殿下，各位阁下：
挪威诺贝尔委员会各位成员：
女士们、先生们：

今天，一个女孩将诞生在阿富汗。女孩的母亲将与世界上任何地方的母亲一样，搂抱她、喂她、疼爱她、照顾她。这都是人性最基本的行为，人人如此，没有分别。但在今天的阿富汗出生的女孩，她将开始过的生活，与人类的一少部分已实现的富足生活相比，相去几个世纪。她的生活条件，以我们这个大厅中许多人看来，是不人道的。

我谈到阿富汗的一个女孩，其实我也可以提到塞拉利昂的一个男婴，又或一个女婴。今天，没有人不知道世界上贫富之间的这一鸿沟，没有人能说一点也不知道这道鸿沟使一穷二白的人付出的代价多大。他们与我们一样，应当享有人的尊严、基本自由、安全、食物和教育。但代价不只是由他们承担的。最终，我们所有人都要承担，无论北方南方、富的穷的、男的女的、所有种族、所有宗教，都要付出代价。

今天真正的边界不在国与国之间，而在于强者与弱者、自由者与受压制者、特权者与困窘者之间。今天，没有一堵墙能把世界上一个地区的人道主义或人权危机与另一地区的国家安全危机隔开。

科学家告诉我们，自然世界非常小，而且高度相互依存。在亚马孙雨林的一只蝴蝶扇动翅膀就能够在地球另一边造成强烈风暴。这就是人称“蝴蝶效应”的原则。今天，我们认识到，或许比以往任何时候都认识到，人类活动世界也有自己的“蝴蝶效应”，是好是歹，都要面对。

我们通过一道火焰门进入了第三个千年。如果在“9·11”恐怖事件之后的今天，我们看得更清楚、更远，我们就会认识到人类是不可分的。新的威胁不会把种族、国家或地区分开对待。每个人，无论贫富或社会地位如何，都从内心产生了新的不安全感。年纪轻的、年纪大的，都对痛苦时和富足时维系我们大家的凝聚力有了更深刻的认识。

人们曾以为全球和平与繁荣必然逐步实现。但21世纪一开始就通过暴力去除了这种幻想。这是新的现实，再也不能视而不见，必须勇敢面对。

20世纪可能是人类历史死难最多的世纪，这个世纪被无法数得清的冲突、不能言状的痛苦和难以想象的罪行所折磨。一个集团或国家，往往出于无理性的仇恨和猜疑，或出于极度傲慢及对权力和资源的渴求，一再对另一集团或国家采取极端的暴力行动。为了应付这些灾难，世界领导人在20世纪中叶走到一起，共同努力，促使各国空前团结起来。

联合国这个论坛从而产生。各国可以在这一论坛共同申明每个人的尊严与价值，为所有人民争取和平与发展。在这个论坛，各国还可以团结一致，加强法制，确认并设法满足穷人的需要，抑制人的残忍与贪婪，保护自然资源和美丽的大自然，支持男女权利平等，同时照顾子孙后代的安全。

我们从20世纪继承了一些政治手段和科技工具。只要我们有此意愿，善加利用，就有可能消除贫穷、无知和疾病。

在21世纪，人们对每个人的神圣不可侵犯，对每个人的尊严，不分种族，不分宗教，都有了新的更深刻的认识。我认为联合国的任务将由这种认识加以界定。这就要求我们超越国家框架，透过民族或族裔的表面看问题。我们必须比以往任何时候都更注重改善男女个人的生活条件，因为是他们使国家民族丰富多彩，富有性格。我们必须从阿富汗的小女孩开始，认识到拯救一个生命就是拯救人类自己。

过去五年来，我经常回顾指出，《联合国宪章》开头几个字是“我联合国人民”。人们不一定认识到，“我联合国人民”是由个人组成的，而往往为了所谓的国家民族利益，他们的最基本权利都被牺牲殆尽。

灭绝种族始于杀害一个人，不是因为他做了坏事杀他，而是因为他是某种人而置他于死地。“种族清洗”运动始于一个邻居攻击另一邻居。贫穷始于剥夺了即使是一名儿童接受教育的基本权利。从不能维护一个人的尊严开始，往往会产生整个民族遭受灾难的结果。

在这个新的世纪，我们必须以认识到和平不仅属于国家或人民，而且属于国家或人民的每一个成员为起步点。国家主权不能再被用作严重侵犯人权的挡箭牌。和平必须是现实的，对每个生活困难的人的日常生活有实际好处的。必须谋求和平，其首要原因，是因为和平是人类大家庭每个成员都过上尊严和安全生活的条件。

个人权利对欧洲和美洲的移民和少数民族很重要，对阿富汗妇女或非洲儿童也同等重要。对富人也好，穷人也好，个人权利都是基本权利；发达世界也好，发展中世界也好，为了安全，都必须给予这些权利。

从这一角度看联合国在下一世纪的作用，未来三个主要优先事项将是消灭贫穷、预防冲突和促进民主。只有在脱了贫的世界中，所有男的、女的才能充分发挥其聪明才智。只有尊重个人权利，才能通过政治渠道处理分歧，并以和平手段加以化解。

只有在一个尊重多样性和尊重对话的民主环境中，才能确保个人的自我表达和自治，才能维护结社自由。

在我担任秘书长的整个任期中，我一直设法将人置于我们所有工作的中心——从预防冲突到发展到人权。确保真正和持久地改善每个男女的生活是我们在联合国所做的一切工作的衡量标准。

正是本着这种精神，我谦卑地接受诺贝尔百年和平奖。40年前的今天，1961年和平奖第一次颁予联合国的秘书长——在死后颁发，因为达格·哈马舍尔德已经在中非为和平献出了生命。在同一天，1960年和平奖首次颁予一个非洲人——艾伯特·卢图利，反对南非种族隔离斗争最初的领导人之一。我是几个月后在联合国开始职业生涯的一名非洲青年，对我来说，这两人确立了我在整个工作生涯中一直努力依循的标准。

这个奖不仅是我的。我站在这里并不孤单。我代表在联合国各个部门，在全球每个角落，全心全意地工作，在许多情况下为和平事业冒着生命危险甚或奉献出生命的所有同事们感谢诺贝尔委员会成员给予我们这一崇高荣誉。我自己之所以能够走上为联合国服务的道路，是因为有我的家人和各大洲许多朋友做出牺牲和奉献——其中一些人已过世——他们都是我的良师益友。我对他们表示最深的感激。

在充满战争武器，而且往往充满战争言论的世界中，诺贝尔委员会已成为极其重要的和平推动者。遗憾的是，和平奖仍是世间少有。多数国家有战争纪念碑或纪念馆、颂扬英勇战役的铜雕、凯旋门。和平没有庆祝游行，没有胜利殿堂。

和平只有诺贝尔奖——它是一个以独特的响亮声音和说服力发表的表明希望与勇气的声明。只有理解和满足个人对自由、尊严和安全的需要，我们联合国的人才有希望配得上今天得到的荣誉，并实现我们的创始人的理想。这就是联合国工作人员每天在世界各地开展的谋求和平的主要任务。

他们其中几位，有男有女，今天也在这个大厅里。例如，在他们中间有一个帮助刚果民主共和国获得基本安全的塞内加尔军事观察员；一位帮助改善科索沃境内法治的美国民警顾问；一位来自厄瓜多尔帮助争取哥伦比亚最易受伤害公民权利的儿童基金会儿童保护干事和一位来自中国帮助提供食物给朝鲜人民的世界粮食计划署官员。

掌握真理的人民只有一个，消除世界弊端的答案只有一种，又或满足人类需要的办法只有一个，这种想法在整个历史中造成了严重的损害，特别是在上个世纪。然而，今天即使在世界各地不断发生族裔冲突的情况下，人们日益认识到人的多样性不仅是促使对话成为必要的现实，而且是对话的真正基础。

我们比以往更加理解，我们每个人都完全应该获得对我们全体人类至关重要的尊重和尊严。我们认识到，我们是许多文化、许多传统和许多往事记忆的产物；容忍使我们能够研究和学习其他文化；如能结合外来生疏的和本身熟悉的东西，我们的力量就会增强。

在每一伟大信仰和传统中，人们都可以找到容忍和相互谅解的价值观念。例如，《古兰经》告诉我们："我确已从一男一女创造你们，我使你们成为许多民族和部落，以便你们互相认识。"孔子教导他的弟子："邦有道，危言危行；邦无道，危行言孙。"在犹太传统中，"爱人如爱己"的训谕被视为《托拉》神训的精髓。

《基督教福音》也反映同样的思想，还教导我们爱自己的敌人，并为那些想迫害我们的人祈祷。印度教训示"真理唯一，哲人以不同名字称谓之”。佛教传统敦促个人在生活诸方面慈悲济世。

我们每个人都有权为自己的信仰或传统而感到自豪。有人认为，属于我们的必然与属于他们的矛盾冲突，这种看法不仅是错误的，也是危险的。这种看法导致了无休止的敌对和冲突，导致人们以神明之名犯下莫大的罪行。

不一定要这样的。不同宗教和文化的人民几乎在世界每一个角落并肩生活，我们多数人都有复叠的身份，这些身份将我们与极为不同的群体联系起来。我们可以爱我们自己，但不恨与我们不同的别人和别人的东西。即使我们向他人学习并学会尊重他们的教导，我们仍可以在自己的传统中茁壮成长。

然而，没有宗教自由、言论自由、集会自由和法律之前的基本平等，这是不可能的。的确，上世纪的教训是，哪里的个人尊严被践踏或受到威胁——哪里的公民不享受选择其政府的基本权利，或定期更换政府的权利——哪里便常常发生冲突，无辜平民要付出代价，生命受到摧残，社区家园被毁。

民主的障碍与文化或宗教的关系不大，反而与执政者不惜任何代价维护其地位的愿望关系甚大。这种现象不是新的，也不是世界某地所特有的。各种文化的人民都珍视其选择自由，并感到需要在影响其生活的决策中拥有发言权。

联合国的会员国包括世界几乎所有国家，联合国是建立在人人价值平等的原则之上的。它是我们为各国和各国人民利益服务的再好不过的代表性机构。联合国是促进人类进步的不可或缺的普遍性工具，通过这个工具，各国可以认识到大家共同的利益，团结起来实现共同的利益，从而为其公民的利益服务。无疑，这就是为什么诺贝尔委员会说，它“在其一百周年之际，首次将和平奖颁予联合国，以此宣告，联合国是通过谈判实现全球和平与合作的唯一途径”。

我相信委员会还认识到，在这个充满全球性挑战的时代，只有在全球一级进行合作，别无选择。每当国家破坏法治并侵犯其公民个人的权利，它们不仅成为本国人民的威胁，也成为邻国甚至整个世界的威胁。我们今天需要的是更好的施政——合法、民主的施政，使每个人都能充分发展，每个国家都能通过合作兴旺发达。

大家记得，我开始讲演时提到今天在阿富汗出生的一个女孩。尽管她的母亲将尽力保护和抚养她，但有四分之一的可能她不能活着过她的五岁生日。她是否能活着过五岁生日，这只是对我们全体人类的一个考验——考验我们是否相信我们对我们的男女同胞负有个人责任。这是唯一的考验，是很要紧的考验。

记住这个女孩，那么我们更大的目标——战胜贫穷，预防冲突或医治疾病——就不会显得那么遥远，或者无法实现了。的确，大家会感到这些目标近在咫尺，很容易实现——也本应如此。因为在国家民族、思想语言等表面现象的下面，涉及到个别穷困人士的命运。回应他们的需要将是联合国下个世纪的使命。

多谢大家。

人物春秋

言而当，知也；默而当，亦知也。

——荀子

楚王葬马

◎ 唐学斌

春秋时期，楚庄王酷爱养马。有一天，他最心爱的马死了，楚王命令全体大臣致哀，准备用棺椁装殓，一切排场按大夫的葬礼隆重举行。左右大臣都劝谏他不要这样搞，楚王非但不听，还下了一道通令："敢为葬马向我劝谏的，一律杀头。"有位叫"孟"的伶优听说了，闯进王宫号啕大哭，并对楚王说："那马是大王最心爱的，像楚国这样一个堂堂大国，却只用大夫的葬礼来办马的丧事，未免太不像话，应该用白玉做棺材，用红木做外椁，并建造一座祠堂，长年供奉它的牌位，追封它为万户侯。这样，就可以让天下人都知道，大王把马看得最贵重。"

楚王听了优孟在含蓄地批评他，最终答应他把马肉炖着吃了。在这个故事中，优孟之所以能够轻松地让楚王接受他的意见，一个很重要的原因就是他看穿了楚王的心思，采取了“将欲废之，比固兴之”的方法，让本来很难实现的问题得到了较好的解决。相反，其他大臣只知道从正面说服楚王，殊不知“普天之下莫非王土，率土之滨莫非王臣”的道理，一味地指责楚王的过错，当然不容易让楚王接受了。

其实，在思想教育工作中，有时候也会出现类似情况，有的人出了点小问题，领导干部没有搞清楚情况就劈头盖脸地对他一顿狠批；有的人闹点小情绪，干部没有做深入细致的思想工作，只是简单粗暴地用部队的条令条例来约束和处理。类似这些做法，非但没有起到应有的教育效果，有时候还可能会加重其心理负担，使其走向另一个极端。

要真正做好经常性的思想教育工作，首先，就是要了解被说教人的真实想法。其次，就是要做耐心细致的说服工作。再次，就是要有因人而异的工作方法，增强思想教育的针对性。这样，被说服者就更容易接受来自正确的观点和意见。

（摘自《大理日报》2011年4月30日A3版）

诸葛亮用将的说话技巧

◎ 李　磊

在《三国演义》第六十五回中，马超率兵攻打葭萌关的时候，诸葛亮对刘备说："只有张飞、赵云二位将军，方可对敌马超。"

刘备说："子龙领兵在外回不来，翼德现在这里，可以急速派遣他去迎战。"

诸葛亮说："主公先别说，让我来激激他。"

这时，张飞听说马超前来攻关，大叫而入主动请求出战。

诸葛亮佯装没听见，对刘备说："马超智勇双全，无人可敌，除非往荆州唤云长来，方能对敌。"

张飞说："军师何出此言，小瞧于我！我曾单独抗拒曹操百万大军，难道还怕马超这个匹夫！"

诸葛亮说："你在当阳拒水断桥，是因为曹操不知道虚实，若知虚实，你怎能安然无事？马超英勇无比，天下的人都知道，他渭桥六战，把曹操杀得割须弃袍，差一点丧了命，绝非等闲之辈，就是云长来也未必能战胜他。”

张飞说：“我今天就去，如战胜不了马超，甘当军令！”

诸葛亮看“激将法”起了作用，便顺水推舟地说：“既然你肯立军令状，便可以为先锋！”

结果张飞与马超在葭萌关下酣战了一昼夜，斗了二百二十多个回合，虽然未分胜负，却打掉了马超的锐气，后被诸葛亮施计说服而归顺刘备。

诸葛亮针对张飞脾气暴躁的性格，常常采用“激将法”来说服他。每当遇到重要战事，先说他担当不了此任，或说怕他贪杯酒后误事，激他立下军令状，增强他责任感和紧迫感，激发他的斗志和勇气，扫除轻敌思想。这种激将的妙法在于每次张飞都“爱听”无比，乖乖地落入了诸葛亮的“圈套”之中。

诸葛亮对关羽，则采取“推崇法”，如马超归顺刘备之后，关羽提出要与马超比武。为了避免二虎相斗，必有一伤，诸葛亮给关羽写了一封信：我听说关将军想与马超比武以分高下。依我看来，马超虽然英勇过人，但只能与翼德并驱争先，怎么能与你“美髯公”相提并论呢？再说将军担当镇守荆州的大任，如果你离开荆州造成损失，罪过有多大啊！

关羽看了信以后，笑着说：“还是孔明知道我的心啊！”他将书信给宾客们传看，打消了入川比武的念头。

同样，在联孙抗曹的问题上，诸葛亮也是针对孙权的身份和性格采取了相应的策略，并且收到了良好的效果。

公元208年，刘备被曹操打得落花流水，逃至樊口，势单力孤，继续与曹操对抗已经完全没有前途可言，除与盘踞江东的孙权联手以外已别无他计。

这么重大的使命若交给一位平庸的使者一定照实陈情，敌方势力强大，我方危在旦夕，请主公出兵相援不胜感激云云。刘备身边能胜此任的唯有诸葛孔明，他自荐过江，求取吴国出兵抗曹，早是胸有成竹。他后来终于说动孙权，成功地完成了联吴抗曹的使命，以致造成后来三国鼎立之势。诸葛亮求人之妙，竟改变了历史。

诸葛亮是怎样打动孙权的呢？诸葛亮见到孙权先说这样一番话：“如今天下大乱，将军在江东举兵，刘备在江南集结，目的都在于与曹操争夺天下，眼下曹军势如破竹，威震天下，将军空有英雄气概，对他是无可奈何的。加上刘备之军渐渐败退，将军您宜早做应对，好生斟酌才对。如果贵国的军力能够与曹操对抗，就即刻与他断交；如果无力与其对抗，那干脆就迅速解除武装、俯首投降算了。可依我看来，将军似乎在表面上要服从曹操，其实内心里很是犹豫不决。目前形势已很急迫，没有多少时间让您犹豫了，希望马上定下主意，否则后果不堪设想。”

孙权愣了一下，反问道：“照你说的形势如此严峻，刘备怎么不赶快投靠曹操呢？”

孔明回答说：“君差矣，齐国壮士田横您应该知道，他在道义上不能投靠汉高祖，宁可自己结束自己的生命。而刘备是汉室后裔，具有英雄资质，目前虽然困顿，仍有八方壮士慕其英名，源源而来投奔。起兵抗曹，天之所命，至于事成与不成，只有靠天命决定。岂可向曹贼投降呢？”

孙权听后大叫一声：“我拥有吴国十万大军，承父兄之业，更岂可轻易言降？”

此时的孙权是一个二十六岁的青年将军，血气方刚，自尊心很强。孔明就是利用了孙权的这个特点，或者叫作弱点，用言语刺激孙权的自尊心，使他的意志按照自己所期待的方向转化。

孙权虽然大叫不降，其实内心也很不踏实，又向孔明问道："现在这种情况，除了刘备之外再找不到能与曹操作战的军队了，可刘备最近连吃败仗，不知是否有军力与其再战？"

孙权终于自己道破了所担心的事，他也知道光凭东吴自己的力量敌不过曹军的庞大实力的。

孔明早有准备，冷静地分析形势给孙权听，以打消他的不安。孔明说："刘备确实吃了败仗，但现在军力也不少于一万。而曹操之军虽众，但长途远征疲惫不堪。这一次为了追击我们，曹军的轻骑兵一昼夜竟跑了三百里，这好像古人说的，再有力的弓箭若射的距离过远，就连一张薄布也无法穿过。再者，曹军北兵不习水战，我方占有地利；荆州之民虽然表面上服从曹操，内心却是时时准备反抗。如果将军集精兵猛将与刘备之军配合，联手作战，一定会击败曹军。天时地利俱在，剩下的只看将军您的决断能力了。"

孔明这一番分析，指出强敌的弱点，强调刘、吴潜在之长处，最后把事情成败的关键又推给了孙权自己，可谓步步高棋，招招妙算，使原本举棋不定的孙权断下决心，联刘抗曹，以致后来发生了三国时代一次改变历史的著名战役——“赤壁之战”。

（摘自李磊编著《说话的艺术全集：告诉你最简单最有效的说话方式》，台海出版社2006年6月版。篇名为编者所加）

许允之妻

◎《世说新语·贤媛》

许允，魏明帝时人，官至吏部侍郎，才华出众，且长得标致。他的妻子阮德春是个外丑内秀之人，凭着她的沉稳机敏，能言善辩，挽救了家庭一次次危机。

许允的妻子是阮卫尉的女儿，阮德如的妹妹，相貌无比丑陋，举行交拜礼后。许允不想再进屋。家里人为此忧心如焚。这时，正好许允来了客人。新娘叫丫环去看客人是谁。丫环回来回答说："是桓公子。"所说的桓公子，就是桓范。新娘说："不用担心，桓范一定会劝他回到洞房来的。"桓果然对许允说："阮家把相貌最丑的女儿嫁给你，必然有其用意，你应当仔细观察她。"许允于是重新回到洞房。见到新娘后，就立即往外走。新娘料定他这次出去就没有再回来的道理，便拉住他的衣襟让他留下。许允对她说：“女人须具备四德（即妇德、妇言、妇容、妇功），你有其中几样？”新娘说：“我所欠缺的只是容貌。然而读书人应该有各种好品行，夫君又有几种呢？”许允说：“全都具备。”新娘说：“在各种好品行中德行居首位。夫君好色不好德，怎么能说全都具备呢？”许允面有愧色，从此就敬重她。

许允在当吏部侍郎期间，起用了许多同乡为官，魏明帝派武士来拘捕他。临去的时候许允妻子追出来嘱咐他道：“君主是贤明的，可以用分辨道理来争取他收回成命，不要用情感去哀求。”

到了朝廷上，魏明帝审问他为什么要起用那么多乡党，许允回答：“我只是在根据您所说的，用人要用你所了解的人而已。我用的那些同乡，都是我所了解的人。请陛下去查查这些人为官称职与否，如不称职，我甘愿领受罪名。”后来一调查，许允的这些同乡都是称职的，于是就释放了他。许允当时的衣服破了，明帝还下诏赐给他新衣。当初许允被捕时，全家人都吓得号哭，只有许允的妻子神态自若，说：“不必担忧，许允不会有事，不久就会回来的。”还亲自煮米粥等着他。果然不出她所料，一会儿，许允就重新回到了家里。

许允后被晋景王所杀。消息由家中门生传回来的时候，许允妻子正在纺织机前织布。但是她的神色一点都没有改变。她说："我已经料到这步了！"门生打算把许允的孩子们藏起来，许允妻子说："现在还不关孩子们的事情，用不着躲藏。"后来他们搬到许允的墓地上居住。晋景王派钟会去打探，要是孩子们的才识比得上许允，就将他们抓回来。孩子们去问母亲怎么办，母亲说："你们虽然都很好，但是现在的才识还不是很多。只要和钟会坦诚说话，就不会有什么值得忧虑的事情。当然也不要太哀痛，该停就停。也不要多问朝廷政事。"孩子们听了母亲的话就去见钟会了。钟会回去把情况向晋景王做了汇报，孩子们终于免脱了灾祸。

（故事原文见《世说新语·贤媛》，译文转自"苏教版高中语文教学网"：http://www.oldq.com.cn/geren/wzck/201303/233190.html）

爱因斯坦解答“相对论”

有人曾问爱因斯坦，究竟什么是相对论，爱因斯坦说：“你同你最亲爱的人坐在炉子边，一个钟头过去了，你觉得好像只过了五分钟，而如果你一个人孤单地坐在热气逼人的火炉边，只过了五分钟，你却像坐了一个小时，这就是相对论。”

文苑折枝

人生至愚是恶闻己过，人生至恶是善谈人过。

——申居郧

说话的艺术

◎ 林语堂

至诚的君子，人格的力量照彻一切的阴暗；他用不着多说话，说话也无须修饰。只知讲究修饰，嘴边天花乱坠，腹中矛盾森然，那是所谓小人；他太会修饰了，倒教人不信了。他的戏法总有让人揭穿的一日。

谁能不说话，除了哑子？有人这个时候说，那个时候不说；有人这个地方说，那个地方不说；有人与这些人说，不与那些人说；有人多说，有人少说；有人爱说，有人不爱说；哑子虽然不说，却也有那咿咿呀呀的声音，指指点点的手势。

说话并不是一件容易事。天天说话，不见得就会说话；许多人说了一辈子话，没有说好过几句话。所谓“辩士的舌锋”“三寸不烂之舌”等赞词，正是物以稀为贵的证据；文人们讲究“吐属”，也是同样的道理。我们并不想做辩士、说客、文人；但人生不外言动，除了动就只有言，所谓人情世故，一半儿是在说话里。《尚书》里说：“唯口出好兴戎。”一句话的影响，有时是你料不到的，历史和小说上有的是例子。

说话即使不比作文难，也决不比作文容易。有些人会说话不会作文，但也有些人会作文不会说话。说话像行云流水，不能够一个字一个字地推敲，因而不免有疏漏散漫的地方，不如作文的谨严。但那行云流水般的自然，却决非一般文章所及。——文章有能到这样境界的，简直当以说话论，不再是文章了。但这是怎样一个不易达到的境界！我们的文章哲学里虽有“用笔如舌”一个标准，古今有几个人真能“用笔如舌”呢？不过文章不甚自然，还可称为功力一派，说话是不行的；说话若也有功力派，你想，那怕真够瞧的！

说话到底有多少种，我说不上。约略分为：向大家演说，讲解，乃至说书等是一种；会议是一种；公私谈判是一种；法庭受审是一种；向新闻记者谈话是一种；——这些都可称为正式的。朋友们的闲谈也是一种，可称为非正式的。正式的并不一定全要拉长了面孔，但拉长了的时候多。这种话都是成片段的，有时竟是先期准备好的。只有闲谈，可以上下古今，来一个杂拌儿；说是杂拌儿，自然零零碎碎，成片段的是例外。闲谈说不上准备，满是将话搭话，随机应变，说准备好了再去闲谈，那岂不是个大笑话？这种种说话，大约都有一些公式，就是闲谈也有——“天气”当是闲谈的发端，便是一例。但公式是死的，不够用的，神而明之，还在乎人。会说的教你眉飞色舞，不会说的教你昏头耷脑；即使是同一个意思，甚至同一句话。

我国人很早就讲究说话。《左传》《国策》《世说》是我们的三部说话的经典。一是外交辞令，一是纵横家言，一是清谈。你看他们的话多么婉转如意，句句字字打进人心坎里；还有一部《红楼梦》，里面的对话也极轻松、漂亮；此外汉代贾君房号为“语妙天下”，可惜留给我们的只有这一句赞词；明代柳敬亭的说书极有大名，可惜我们也无从领略；近年来的新文学，将白话文欧化，从外国文学中借用了许多活泼的、精细的表现，同时暗示我们将旧来有些表现重新咬嚼一番。这却给我们的语言一种新风味、新力量。这时期说话的艺术确有了相当的进步。论说话艺术的文字，从前著名的似乎只有韩非的《说难》，那是一篇剖析入微的文字。现在我们却已有了三篇俞平伯君的《文训》，鲁迅君的《立论》，都是精警之作。这足够证明我所说的相当的进步了。

我国人对于说话的态度，最高的是忘言，但如禅宗“教”人“将嘴挂在墙上”，也还免不了说话。其次是慎言，寡言，讷于言。这三样又有分别：慎言是小心说话，小心说话自然就少说话，少说话少出错儿；寡言是说话少，是一种深沉或贞静的性格或品德；讷于言是说不出话，是一种浑厚诚实的性格或品德。这两种多半是生成的。第三是修辞或辞令。至诚的君子，人格的力量照彻一切的阴暗；他用不着多说话，说话也无须修饰。只知讲究修饰，嘴边天花乱坠，腹中矛盾森然，那是所谓小人；他太会修饰了，倒教人不信了。他的戏法总有让人揭穿的一日。我们是介在两者之间的平凡的人；没有那伟大的魄力，可也不至于忘掉了自己。只是不能无视世故人情，我们看时候，看地方，看人在礼貌与趣味两个条件之下，修饰我们的说话是修饰可得的。

现在有人提倡“农工大众用语”；因为不熟悉，恕不说什么了。新时代的人物，自有去研究的或者竟认为无须研究，也未可知。反正我是只会说我们自己的：

要说得巧，要说得少：

“言多必失”，“语多必败”。

（摘自《说话的艺术》，陕西师范大学出版社2009年1月版）

下棋

◎ 梁实秋

有一种人我最不喜欢和他下棋，那便是太有涵养的人。杀死他一大块，或是抽了他一个车，他神色自若，不动火，不生气，好像是无关痛痒，使你觉得索然寡味。君子无所争，下棋却是要争的。当你给对方一个严重威胁的时候，对方的头上青筋暴露，黄豆般的汗珠一颗颗地在额上陈列出来，或哭丧着脸作惨笑，或咕嘟着嘴作吃屎状，或抓耳挠腮，或大叫一声，或长吁短叹，或自怨自艾口中念念有词，或一串串地噎嗝打个不休，或红头涨脸如关公，种种现象，不一而足，这时节你“行有余力”便可以点起一支烟，或啜一碗茶，静静地欣赏对方的苦闷的象征。我想猎人追逐一只野兔的时候，其愉快大概略相仿佛。因此我悟出一点道理，和人下棋的时候，如果有机会使对方受窘，当然无所不用其极，如果被对方所窘，便努力作出不介意状，因为既然不能积极地给对方以苦痛，只好消极地减少对方的乐趣。

自古博弈并称，全是属于赌的一类，而且只是比“饱食终日无所用心”略胜一筹而已。不过弈虽小术，亦可以观人，相传有慢性人，见对方走当头炮，便左思右想，不知是跳左边的马好，还是跳右边的马好，想了半个钟头而迟迟不决，急得对方只好拱手认输。是有这样的慢性人，每一着都要考虑，而且是加慢的考虑，我常想这种人如加入龟兔竞赛，也必定可以获胜。也有性急的人，下棋如赛跑，劈劈拍拍，草草了事，这仍旧是饱食终日无所用心的一贯作风。下棋不能无争，争的范围有大有小，有斤斤计较而因小失大者，有不拘小节而眼观全局者，有短兵相接，作生死斗者，有各自为战而旗鼓相当者，有赶尽杀绝一步不让者，有好勇斗狠同归于尽者，有一面下棋一面诮骂者，但最不幸的是争的范围超出了棋盘，而拳足交加。有下象棋者，久而无声音，排闼视之，阒不见人，原来他们是在门后角里扭作一团，一个人骑在另一个人的身上，在他的口里挖车呢。被挖者不敢出声，出声则口张，口张则车被挖回，挖回则必悔棋，悔棋则不得胜，这种认真的态度憨得可爱。我曾见过二人手谈，起先是坐着，神情潇洒，望之如神仙中人，俄而棋势吃紧，两人都站起来了，剑拔弩张，如斗鹌鹑，最后到了生死关头，两个人跳到桌子上去了！

笠翁《闲情偶寄》说弈棋不如观棋，因观者无得失心，观棋是有趣的事，如看斗牛、斗鸡、斗蟋蟀一般，但是观棋也有难过处，观棋不语是一种痛苦。喉间硬是痒得出奇，思一吐为快。看见一个人要入陷阱而不作声是几乎不可能的事，如果说得中肯，其中一个人要厌恨你，暗暗地骂你一声："多嘴驴！"另一个人也不感激你，心想："难道我还不晓得这样走！"如果说得不中肯，两个人要一齐嗤之以鼻："无见识奴！"如果根本不说，憋在心里，受病。所以有人于挨了一个耳光之后还要抚着热辣辣的嘴巴大呼："要抽车，要抽车！"

下棋只是为了消遣，其所以能使这样多人嗜此不疲者，是因为它颇合人类好斗的本能，这是一种"斗智不斗力"的游戏。所以瓜棚豆架之下，与世无争的村夫野老不免一枰相对，消此永昼；闹市茶寮之中，常有有闲阶级的人士下棋消遣，"不为无益之事，何以遣此有涯之生"？宦海里翻过身最后退隐东山的大人先生们，髀肉复生，而英雄无用武之地，也只好闲来对弈，了此残生，下棋全是"剩余精力”的发泄。人总是要斗的，总是要钩心斗角地和人争逐的。与其和人争权夺利，还不如在棋盘上抽上一车。宋人笔记曾载有一段故事：“李讷仆射，性卞急，酷好弈棋，每下子安详，极于宽缓，往往躁怒作，家人辈则密以弈具陈于前，讷睹，便忻然改容，以取其子布弄，都忘其恚矣。”（《南部新书》）。下棋，有没有这样陶冶性情之功，我不敢说，不过有人下起棋来确实是把性命都可置之度外。我有两个朋友下棋，警报作，不动声色，俄而弹落，棋子被震得在盘上跳荡，屋瓦乱飞，其中棋瘾较小者变色而起，被对方一把拉住：“你走！那就算是你输了。”此公深得棋中之趣。

（摘自胡沙岩主编《世界名人散文精选——情感篇》，百花洲文艺出版社2004年5月版）

萤火一万年

◎ 迟子建

在张家界的一天夜里，我非常迫切地想独处一会。我朝一片茂密的丛林走去，待我发现已经摆脱了背后的灯火和人语时，一片星月下的竹林接纳了我。

我拨开没膝的蒿草坐在竹林里。竹林里的空气好得让人觉得上帝也在此处与我共呼吸，山涧的溪水声幽幽传来。在风景宜人的游览胜地，如果你想真正领略风景的神韵，是非常需要独自和自然进行交流的。

那是个朗朗的月夜，我清清楚楚地记得竹林里无处不在的月光。我很惧怕阳光，在阳光下我老是有逃跑的欲望，而对月光却有着始终如一的衷情，因为它带给人安详和平静，能使紧张的心情得到舒缓与松弛。

眼前忽然锐利地一亮。一点光摇曳着从草丛中升起，从我眼前飞过。正在我迷惑不已时，又一点光从草丛中摇曳升起，依然活泼地从我眼前飞过。这便是萤火虫了。如果在我的记忆中不储存关于这种昆虫的知识有多好，我会认定上帝开口与我说话了。我也许会在冥想中破译这种暗夜里闪光的话语。

然而我知道这是昼伏夜出的萤火虫。它在腹部末端藏有发光的器官。这种飞翔的光点使我看到旧时光在隐隐呈现。它那颤颤飞动的光束不知怎的使我联想到古代仕女灿烂的白牙、亮丽的丝绸，中世纪沉凝的流水，戏院里琤琮的器乐，画舫的白绸以及沙场上的刀光剑影。一切单纯、古典、经久不衰的物质都纷至沓来，我的心随之飘摇沉浮。

萤火虫的发光使它成为一种神奇的昆虫，它总是在黑夜到来时才出现，它同我一样不愿沉溺于阳光中。阳光下的我在庸碌的人群和尘土飞扬的街市上疲于奔命，而萤火虫则伏在安闲的碧草中沉睡。它是彻头彻尾的平静，而我只在它发光时才消除烦躁，获得真正的自由。因为它本身是光明的，所以它能在光明下沉睡，只有在黑暗中它才如鱼得水，悠游自如。而哪一个人能申明自己是完全拥有光明的呢？我们曾被一些阳光下的暴行吓怕了，所以我们无法像萤火虫一样在阳光下无忧无虑地沉睡。我们睡着，可我们睡得不安详；我们醒着，可我们却又糊涂着。萤火虫则不然，它睡得沉迷，醒得透彻，因而它能心无旁骛地舞蹈，能够在滚滚而来的黑夜中毫不胆怯地歌唱。

月光下萤火虫的光束毕竟是微不足道的，能够完全照亮竹林的还得是月光。然而萤火虫却在飞翔时把与它擦身而过的一片竹叶映得无与伦比的翠绿，这是月光所不能为的。萤火虫也在飞过溪涧的一刻将岩石上的一滴水染得泛出珍珠一样的光泽，这也是月光所不能为的。

萤火虫忽明忽灭地在我眼前飞来飞去，我确信它体内蓄积着亿万年以前的光明。多少人一代一代地去了，而萤火虫却永不泯灭。旧坟塌了成为泥土，又会有新坟隆起，而萤火虫却能世世代代地在墓园中播撒光明。也许它汲取了人的白骨中没有释放完全的生气和光芒，所以它才成为最富于神灵色彩的一种昆虫。

我坐在竹林里，坐在月光飞舞、萤火萦绕的竹林里，没有了人语，没有了房屋的灯火，看不见炊烟，只是听着溪流，感受着露水在叶脉上滑动，这样亲切的夜晚是多么让人留恋。

可我还是朝着有人语和灯火的地方返回了。那种亘古长存的萤火在一瞬间照亮了我的青春。我将要走出竹林时一只萤火虫忽然从草丛中飞起，迅疾地掠过我面前，它在经过我眼前时骤然一亮，将我眸子里沉郁的阴影剥落了一层。

（摘自语文阅读欣赏网）

修身养性

不愤不启，不悱不发。

——孔子

晏子劝齐景公不杀圉人

◎ 晏　婴

晏婴（公元前578—前500），字仲，谥平，习称晏子，夷维人（今山东高密），春秋时期著名政治家、思想家、外交家。晏婴聪颖机智，能言善辩。内辅国政，屡谏齐王。《晏子春秋》是记载晏婴言行的一部历史典籍，用史料和民间传说汇编而成，记载了很多晏婴劝告君主勤政，不要贪图享乐，以及爱护百姓、任用贤能和虚心纳谏的故事。

景公使圉人[①]养所爱马，暴死，公怒，令人操刀解[②]养马者。是时，晏子侍前。左右执刀而进，晏子止而问于公，曰："尧舜支解[③]人，从何躯[④]始？"公矍然[⑤]曰："从寡人始。"遂不支解。公曰："以属[⑥]狱。"晏子曰："此不知其罪而死，臣为君数之，使知其罪，然后致之狱。"公曰："可。"晏子数之曰："尔罪有三：公使汝养马而杀之，当死罪一也；又杀公之所最善马，当死罪二也；使公以一马之故而杀人，百姓闻之必怨吾君，诸侯闻之必轻吾国，汝杀公马，使积怨于百姓，兵弱于邻国，汝当死罪三也。今以属狱。”公喟然叹曰：“夫子释之！夫子释之！勿伤吾仁也。”

（摘自《晏子春秋·景公所爱马死欲诛圉人晏子谏第二十五》）

【注释】

①圉人：官名，掌管养牧马匹之事。景公因爱马暴死，即欲杀死养马之人。晏子没有直接进谏，而是假意斥责养马人，从反面使景公明白自己的不仁与残忍，表现了晏子的机智。

②解：肢解。

③支解：即肢解。

④躯：躯干，指后人。

⑤矍然：惊惧的样子。此有惊醒意。

⑥属（zhǔ）：委弃。

【译文】

景公让圉人饲养所爱的马匹，马突然死掉了，景公大怒，命人拿刀肢解养马之人。当时晏子正好在景公身边，景公的侍从拿着刀进来，晏子制止住他们而询问景公说："尧舜肢解人，不知从人的哪个部位开始的？"景公惊醒道："尧舜不肢解人，肢解人是从我开始的。"于是不再肢解养马人。景公说："把他送到监狱去吧。"晏子说："这个人不知道犯了什么罪而死，我为君主列举他的罪状，使他知道自己的罪行，然后再送往监狱。"景公说："可以。"晏子于是列数说："你的罪过有三条，主公让你养马而你却让马死掉，这是一条死罪；死的恰好又是主公最喜爱的马，这是第二条死罪；你使主公因为一匹马的缘故而杀人，百姓听说后必然会怨恨我们君主，诸侯听说后必然会轻视我们齐国，你弄死了主公的马匹，使怨恨积聚于百姓，使军队削弱于邻国，这是你第三条死罪。现在送他到监狱去吧。"景公长长叹息说："先生放了他！先生放了他！不要伤害我仁爱的名声了。"

言不失其类

◎ 鬼谷子

鬼谷子，姓王，名诩，又名王禅、王通，号玄微子，一说春秋战国时期卫国朝歌人，一说是战国时期魏国邺地人。他常入云梦山采药修道，因隐居周阳城清溪之鬼谷，故自称鬼谷先生。鬼谷子为纵横家之鼻祖，也是兵家著名代表人物之一，长于持身养性，精于心理揣摩，能言善辩。《鬼谷子》，又名《捭阖策》，据传是由鬼谷子先生后学者根据先生言论整理而成。

故与智者言，依于博；与博者言，依于辨；与辨者言，依于要；与贵者言，依于势；与富者言，依于高；与贫者言，依于利；与贱者言，依于谦；与勇者言，依于敢；与愚者言，依于锐；此其术也，而人常反之。是故与智者言，将以此明之；与不智者言，将以此教之；而甚难为也。故言多类，事多变。故终日言不失其类，而事不乱；终日不变，而不失其主。故智贵不忘。听贵聪，辞贵奇。

（摘自《鬼谷子·权篇第九》）

译文：

所以与智者谈话，就要以渊博为原则；与博者说话，要以强辩为原则；与善辩的人谈话，要以简要为原则；与高贵的人谈话，要以鼓吹气势为原则；与富人谈话，要以高雅潇洒为原则；与穷人谈话，要以利害为原则；与卑贱者谈话，要以谦恭为原则；与勇敢的人谈话，要以果敢为原则；与上进者谈话，要以锐意进取为原则。这些都是与人谈话的原则。然而不少人却常常背道而驰。所以，与聪明人谈话时，就要让他明了这些方法，与笨人谈话时，就要把这些方法教给他。然而事实上很难做到。所以说谈话有各种方法，所论事情会不断变化。（掌握这些）终日谈论，也不会把事情搞乱。事情不断变化，也不会失其原则。故就智者而言重要的是要不乱不虚，听话善辩真伪，聪颖者善断是非，出言要变化莫测。

读书讲坛

语言最能暴露一个人，只要你说话，我就能了解你。

——本·琼森

读书

◎ 胡　适

读书第一要精，第二要博。精深要几乎唯他独尊，博大要几乎无所不知。

读书单靠眼到、口到、心到，还不够，必须还得自己动动手，才有所得。

“读书”这个题，似乎很平常，也很容易。然而我却觉得这个题目很不好讲。据我所知，“读书”可以有三种说法：

（一）要读何书？关于这个问题，《京报副刊》上已经登了许多时候的“青年必读书”；但是这个问题，殊不易解决，因为个人的见解不同，个性不同。各人所选只能代表各人的嗜好，没有多大的标准作用。所以我不讲这一类的问题。

（二）读书的功用。从前有人作“读书乐”，说什么“书中自有千钟粟，书中自有黄金屋，书中自有颜如玉”，现在我们不说这些话了。要说，读书是求知识，知识就是权力。这些话都是大家会说的，所以我也不必讲。

（三）读书的方法。我今天是想根据个人经验，同诸位谈谈读书的方法。我的第一句话是很平常的，就是说，读书有两个要素：第一要精，第二要博。现在先说什么叫“精”。

我们小的时候读书，差不多每个小孩都有一条书签，上面写十个字，这十个字最普遍的就是“读书三到：眼到，口到，心到”。现在这种书签虽不用，三到的读书法却依然存在。不过我以为读书三到是不够的；须有四到，是：“眼到，口到，心到，手到。”我就拿它来说一说。

眼到是要个个字认得，不可随便放过。这句话起初看去似乎很容易，其实很不容易。读中国书时。每个字的一笔一画都不放过，近人费许多功夫在校勘学上，都因古人忽略一笔一画而已。读外国书要把A，B，C，D……等字母弄得清清楚楚。所以说这是很难的。如有人翻译英文，把port看作pork，把oats看作oaks，于是葡萄酒一变而为猪肉，小草变成了大树。说起来这种例子很多，这都是眼睛不精细的结果。书是文字做成的，不肯仔细认字，就不必读书。眼到对于读书的关系很大，一时眼不到，贻害很大，并且眼到能养成好习惯，养成不苟且的人格。

口到是一句一句要念出来。前人说口到是要念到烂熟背得出来。我们现在虽不提倡背书，但有几类的书，仍旧有熟读的必要：如心爱的诗歌，如精彩的文章，熟读多些，于自己的作品上也有良好的影响。读此外的书，虽不须念熟，也要一句一句念出来，中国书如此，外国书更要如此，念书的功用能使我们格外明了每一句的构造，句中各部分的关系。往往一遍念不通，要念两遍以上，方才能明白的。读好的小说尚且要如此，何况读关于思想学问的书呢？

心到是每章每句每字意义如何？何以如是？这样用心考究。但是用心不是叫人枯坐冥想，是要靠外面的设备及思想方法的帮助。要做到这一点，须要有几个条件：

（一）字典，辞典，参考书等等工具要完备。这几样工具虽不能办到，也当到图书馆去看。我个人的意见是奉劝大家，当衣服，卖田地，至少要置备一点好的工具。比如买一本《韦氏大字典》，胜于请几个先生。这种先生终身跟着你，终身享受不尽。

（二）要做文法上的分析。用文法的知识，作文法上的分析，要懂得文法构造，方才懂得它的意义。

（三）有时要比较参考，有时要融会贯通，方能了解。不可但看字面。一个字往往有许多意义，读者容易上当。例如turn这字：

作外动字解有十五解，

作内动字解有十三解，

作名词解有二十六解，

共五十四解，而成语不算。

又如strike：

作外动字解有三十一解，

作内动字解有十六解，

作名词解有十八解，

共六十五解。

又如go字最容易了，然而这个字：

作内动字解有二十二解，

作外动字解有三解，

作名词解有九解，

共三十四解。

以上是英文字需要加以考究的例子。英文字典是完备的；但是某一字在某一句究竟用第几个意义呢？这就非比较上下文，或贯串全篇，不能懂了。

中文较英文更难，现在举几个例：

祭文中第一句“维某年月日”之“维”字，究作何解？字典上说它是虚字。《诗经》里“维”字有二百多，必须细细比较研究，然后知道这个字有种种意义。又《诗经》之“于”字，“之子于归”“凤凰于飞”等句，“于”字究作何解？非仔细考究是不懂的。又“言”字人人知道，但在《诗经》中就发生问题，必须比较，然后知“言”字为联接字。诸如此例甚多，中国古书很难读，古字典又不适用，非是用比较归纳的研究方法，我们如何懂得呢？

总之，读书要会疑，忽略过去，不会有问题，便没有进益。

宋儒张载说：“读书先要会疑。于不疑处有疑，方是进矣。”他又说：“在可疑而不疑者，不曾学。学则须疑。”又说：“学贵心悟，守旧无功。”

宋儒程颐说：“学原于思。”

这样看起来，读书要求心到；不要怕疑难，只怕没有疑难。工具要完备，思想要精密就不怕疑难了。

现在要说手到。手到就是要劳动劳动你的贵手。读书单靠眼到，口到，心到，还不够的；必须还得自己动动手，才有所得。例如：

（1）标点分段，是要动手的。

（2）翻查字典及参考书，是要动手的。

（3）做读书札记，是要动手的。札记又可分四类：

（a）抄录备忘。

（b）作提要，节要。

（c）自己记录心得。张载说："心中苟有所开，即便札记。不则还塞之矣。"

（d）参考诸书，融会贯通，作有系统的著作。

手到的功用。我常说：发表是吸收知识和思想的绝妙方法。吸收进来的知识思想，无论是看书来的，或是听讲来的，都只是模糊零碎，都算不得我们自己的东西。自己必须做一番手脚，或做提要，或做说明，或做讨论，自己重新组织过，申叙过，用自己的语言记述过，——那种知识思想方才可算是你自己的了。

我可以举一个例。你也会说"进化"，他也会谈"进化"，但你对于"进化"这个观念的见解未必是很正确的，未必是很清楚的；也许只是一种"道听途说"，也许只是一种时髦的口号。这种知识算不得知识，更算不得是"你的"知识。假使你听了我这句话，不服气，今晚回去就去遍翻各种书籍，仔细研究进化论的科学上的根据：假使你翻了几天书之后，发愤动手，把你研究所得写成一篇读书札记；假使你真动手写了这么一篇《我为什么相信进化论？》的札记，列举了：

（一）生物学上的证据；

（二）比较解剖学上的证据；

（三）比较胚胎学上的证据；

（四）地质学和古生物学上的证据；

（五）考古学上的证据；

（六）社会学和人类学上的证据。

到这个时候，你所有关于"进化论"的知识，经过了一番组织安排，经过了自己的去取叙述，这时候这些知识方才可算是你自己的了。所以我说，发表是吸收的利器；又可以说，手到是心到的法门。

至于动手标点，动手翻字典，动手查书，都是极要紧的读书秘诀，诸位千万不要轻轻放过。内中自己动手翻书一项尤为要紧。我记得前几年我曾劝顾颉刚先生标点姚际恒的《古今伪书考》。当初我知道他的生活困难，希望他标点一部书付印，卖几个钱。那部书是很薄的一本，我以为他一两个星期就可以标点完了。哪知顾先生一去半年，还不曾交卷。原来他于每条引的书，都去翻查原书，仔细校对，注明出处，注明原书卷第，注明删节之处。他动手半年之后，来对我说，《古今伪书考》不必付印了，他现在要编辑一部疑古的丛书，叫做“辨伪丛刊”。我很赞成他这个计划，让他去动手。他动手了一两年之后，更进步了，又超过那“辨伪丛刊”的计划了，他要自己创作了。他前年以来，对于中国古史，做了许多辨伪的文字；他眼前的成绩早已超过崔述了，更不要说姚际恒了。顾先生将来在中国史学界的贡献一定不可限量，但我们要知道他成功的最大原因是他的手到的工夫勤而且精。我们可以说，没有动手不勤快而能读书的，没有手不到而能成学者的。

第二要讲什么叫“博”。

什么书都要读，就是博。古人说：“开卷有益”，我也主张这个意思，所以说读书第一要精，第二要博。我们主张“博”有两个意思：

第一，为预备参考资料计，不可不博。

第二，为做一个有用的人计，不可不博。

第一，为预备参考资料计。

在座的人，大多数是戴眼镜的。诸位为什么要戴眼镜？岂不是因为戴了眼镜，从前看不见的，现在看得见了；从前很小的，现在看得很大了；从前看不分明的，现在看得清楚分明了？王荆公说得最好：

世之不见全经久矣。读经而已，则不足以知经。故某自百家诸子之书，至于《难经素问本草》诸小说，无所不读；农夫女工，无所不问；然后于经为能知其大体而无疑。盖后世学者与先王之时异矣；不如是，不足以尽圣人故也。……致其知而后读，以有所去取，故异学不能乱也。惟其不能乱，故能有所去取者，所以明吾道而已。（《答曾子固》）

他说："致其知而后读。"又说："读经而已，则不足以知经。"即如《墨子》一书在一百年前，清朝的学者懂得此书还不多。到了近来，有人知道光学、几何学、力学、工程学等……一看《墨子》，才知道其中有许多部分是必须用这些科学的知识方才能懂的。后来有人知道了伦理学、心理学等，懂得《墨子》更多了。读别种书愈多。《墨子》愈懂得多。

所以我们也说，读一书而已则不足以知一书。多读书，然后可以专读一书。譬如读《诗经》，你若先读了北大出版的《歌谣周刊》，便觉得《诗经》好懂得多了；你若先读过社会学、人类学，你懂更多了；你若先读过文字学、古音韵学，你懂得更多了；你若读过考古学、比较宗教学等，你懂得的更多了。你要想读佛家唯识宗的书吗？最好多读点伦理学、心理学、比较宗教学、变态心理学。无论读什么书总要多配几副好眼镜。

你们记得达尔文研究生物进化的故事吗？达尔文研究生物演变的现状，前后凡三十多年，积了无数材料，想不出一个简单贯串的说明。有一天他无意中读马尔萨斯的人口论，忽然大悟生存竞争的原则，于是得着物竞天择的道理，遂成一部破天荒的名著，给后世思想界打开一个新纪元。

所以要博学者，只是要加添参考的材料，要使我们读书时容易得“暗示”；遇着疑难时，东一个暗示，西一个暗示，就不至于呆读死书了。这叫做“致其知而后读”。

第二，为做人计。

专工一技一艺的人，只知一样，除此之外，一无所知。这一类的人，影响于社会很少。好有一比，比一根旗杆，只是一根孤拐，孤单可怜。

又有些人广泛博览，而一无所专长，虽可以到处受一班JIAN人的欢迎，其实也是一种废物。这一类人，也好有一比，比一张很大的薄纸，禁不起风吹雨打。

在社会上，这两种人都是没有什么大影响，为个人计，也很少乐趣。

理想中的学者，既能博大，又能精深。精深的方面，是他的专门学问。博大的方面，是他的旁搜博览。博大要几乎无所不知，精深要几乎惟他独尊，无人能及。他用他的专门学问做中心，次及于直接相关的各种学问，次及于间接相关的各种学问，次及于不很相关的各种学问，以次及毫不相关的各种泛览。这样的学者，也有一比，比埃及的金字三角塔。那金字塔高四百八十英尺，底边各边长七百六十四英尺。塔的最高度代表最精深的专门学问；从此点以次递减，代表那旁收博览的各种相关或不相关的学问。塔底的面积代表博大的范围，精深的造诣，博大的同情心。这样的人，对社会是极有用的人才，对自己也能充分享受人生的趣味。宋儒程颢说的好：

须是大其心使开阔：譬如为九层之台，须大做脚始得。

博学正所以“大其心使开阔”，我曾把这番意思编成两句粗浅的口号，现在拿出来贡献给诸位朋友，作为读书的目标：

为学要如金字塔，

要能广大要能高。

（摘自肖东发主编《北大学者谈读书》，北京图书馆出版社2002年版）

读书谈

@思想聚焦：读书，会在不知不觉中影响你的思想、谈吐、容貌，以及为人处世、精神气质。现在读书的厚度，决定今后远行的长度。忙累了容易迷失，不如停下来，读一本好书，静心给自己一段灵魂修炼的时光。

——吴雁，校导网编辑、时评作者

@徐应旺：读书的目的，要么是寻找共鸣释放自己的情感，要么挑别人毛病证明自己的看法，要么就是吸取一些对自己有用的东西，要么就是随便翻翻证明自己不是在虚度光阴。无论怎样，把读书当作贯穿一生的习惯吧，它有你想不到的美丽！

——微爱传承CEO，原世华智业投资集团新媒体首席架构师

@中国新闻周刊：【你迷茫的原因在于读书太少而想得太多】读书多的人则不同，他们从书中看到了对待一个问题不同作者的不同观点和不同思考方式，由于他们思维不被局限，所以会想到很多问题，会想到一个问题的不同角度，也会更有深度。

@安徽出版王亚非：脸书网站首席执行官马克·扎伯克新年下了个决心，每两周读完一本书，他把读书作为新年挑战，可见：一，读书也需要毅力和坚守；二，读书一定有益，任何人都需要学习。扎伯克认为，读书让人思想充实，书能让人全面探究一个话题，比如今任何媒体更深刻。

——安徽出版集团总裁、时代出版传媒公司董事长

博览群书

言语是人类所使用的最有效果的药方。

——吉普林

主题书架

《说话的艺术：最有中国味的魅力口才》

一个行为有度的人，会让别人觉得舒服。而一个谈吐不俗的人，更会让他人如沐春风。这些良好的感觉不是建立在一个人的着装如何名贵华丽上，它完全源自于你待人接物的说话之道。沟通中的礼节直接影响着你的形象，以及别人对你的态度。

——肖祥银，多部畅销书作家、译者，演说家

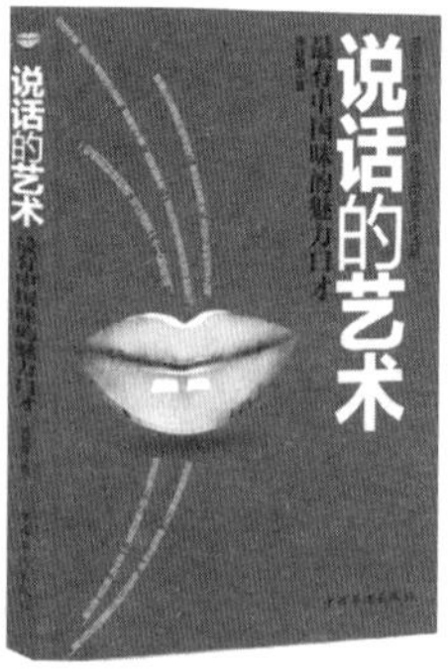

作者：肖祥银
出版社：中国华侨出版社
出版日期：2013年3月
定价：32.00元

《洗脑术：怎样有逻辑地说服他人》

出色的演讲者通常会带给听众不同的幻想，他们在听演讲时不是在接受道理，也不是听人告诉自己如何生活，而是在欣赏一场精彩的演出，在寻找生命的信仰和近在眼前的“世外桃源”。

——高德，前FBI探员

作者：高德
出版社：江苏文艺出版社
出版日期：2013年3月
定价：35.00元

《口才训练十五讲》

人们时时都生活在一种这样或那样的语言环境之中，人们的思考和行为深受他所处的语言环境的影响支配。创造一个有利于身心健康，有利于社会进步的积极、文明、向上的语言环境是口才训练的根本目的。

作者：孙海燕，刘伯奎
出版社：北京大学出版社
出版日期：2004年10月
定价：40.00元

《沟通的艺术：看入人里，看出人外》

沟通——他人的陪伴——是人类最基本的需求之一。缺少跟他人的接触对一个人来说是最残酷的惩罚。除了在情绪上感到痛苦外，缺乏与他人的接触和陪伴也绝对足以对生活产生负面影响。

——罗纳德·B·阿德勒

作者：罗纳德·B·阿德勒（Ronald B.Adler）
译者：黄素菲
出版社：世界图书出版公司
出版日期：2010年12月
定价：32.00元

新书速递

《穿布鞋的马云：决定阿里巴巴生死的27个节点》

最熟悉马云的创业者王利芬携手马云最信得过的媒体人李翔，认真梳理阿里巴巴15年的历史，从生死存亡的27个节点提取马云创业的智慧：关于融资、关于团队、关于管理、关于谈判、关于失败、关于企业愿景、关于企业文化、关于战略、关于人才……不鸡血不励志不神话马云，最大限度地接近真实的马云。

作者：王利芬，李翔
出版社：北京联合出版公司
出版日期：2014年9月
定价：42.00元

《缓刑》

2014年诺贝尔文学奖获得者帕特里克·莫迪亚诺作品。

年少的“我”和弟弟寄居在这栋属于三个女人的别墅里。周遭的成人世界充满了谜题：房子为什么没有男主人？阿妮为什么整夜哭泣？洛里斯通街的那伙人在干什么买卖？科萨德侯爵是否会在半夜回到城堡？“我”在看，“我”在听，“我”在想，到底发生了什么严重的事？及至人去楼空，再无踪影？但“我”知道发生了非常严重的事，因为警察来了。

作者：帕特里克·莫迪亚诺
诸者：严胜男
出版社：上海译文出版社
出版日期：2014年8月
定价：30.00元

《庆祝无意义》

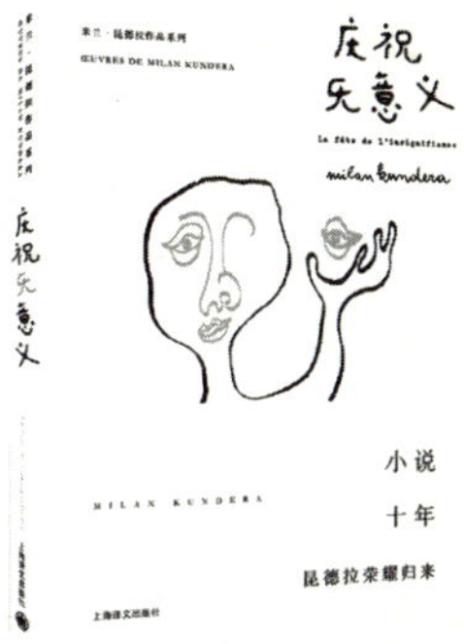

围绕卢森堡公园这个舞台中心，阿兰、拉蒙、夏尔、凯列班四个好朋友轮番登场，顺着他们的脚步、他们的生活故事、他们三三两两的谈话，引出了巴黎街头的花季少女，市民热捧的夏加尔画展，斯大林二十四只鹧鸪的玩笑，尿急的苏维埃傀儡主席，自杀未遂却杀人的母亲，以及天堂纷纷堕落的天使……舞台上演着一部热闹非凡的人间喜剧，幕后却隐藏着作者冷静洞察的智慧：生与死、严肃与荒诞、历史与忘却、现实与梦境，昆德拉让我们在笑中飘浮，为世间的无意义狂欢。

作者：米兰·昆德拉
译者：马振聘
出版社：上海译文出版社
出版日期：2014年7月
定价：30.00元

《植物的记忆与藏书乐》

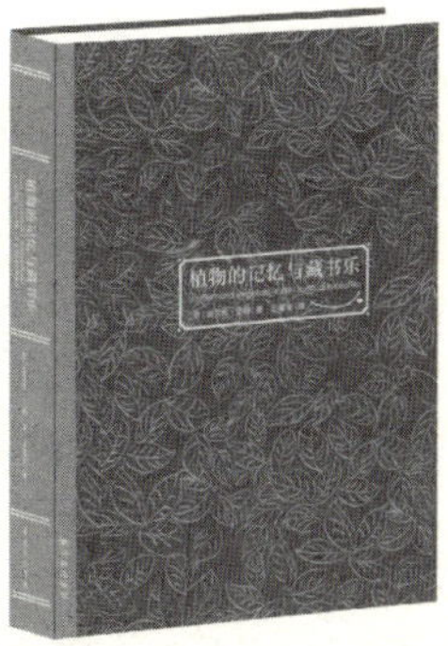

该书是艾柯关于爱书藏书的总结，横跨历史、文学、美学与科学的多元向度，畅谈奇书逸事，关于书的意义与价值，关于阅读的必要，关于爱书人无可自拔的执迷。从对纸质书籍本真的热爱到对电子书自我认同的奇想，从对藏书世界奇闻轶事的精彩讲述到对一本古书扑朔迷离的起源的细致考察，艾柯对于书籍的热爱有着一种传教士的热忱，相信爱书教的虔诚信徒们定可以在他的这本书中找到真义。

作者：翁贝托·艾柯
译者：王健全
出版社：译林出版社
出版时间：2014年8月
定价：48.00元

《乖，摸摸头》

本书记录了大冰十余年的江湖游历，以及他和他朋友们的爱与温暖的传奇故事。这些故事与风花雪月无关，与鸡汤小清新无关，有的是无畏的奋斗和孤身的寻找，有的是疯狂的爱情和极致的浪漫……12个故事，12种善意，如点点星光与烛火，给所有心怀希望的人们以温暖和光芒。请相信，这个世界上真的有人在过着你想要的生活。忽晴忽雨的江湖，祝你有梦为马，随处可栖。

作者：大冰
出版社：湖南文艺出版社
出版日期：2014年10月
定价：36.00元

《给孩子的诗》

《给孩子的诗》是著名诗人北岛最新的心血之作。北岛亲自甄别、挑选57位不同国别的诗人、101首不同风格的新诗，将自己心目中的最适于孩子诵读、领悟的短诗集结成一册《给孩子的诗》，公布于世。《给孩子的诗》中诗人、篇目、译文的择选，都体现编者北岛一以贯之、别具手眼的诗学理念与美学目光。

编者：北岛
出版社：中信出版社
出版时间：2014年7月
定价：30.00元

小 启

由于时间所限，本读物所采用的部分文章、图片，来源辗转多途，未能及时与作者联系上。我们已与北京版权中心联系，烦请有关作者（版权持有人）与出版社联系（联系电话：020-37592316），以便领取稿酬。